U0918449

本专著由以下课题资助：
2014年国家社科基金青年项目“欠发达地区农民合作扶贫模式研究”(14CGL027)
2015年河南省高校科技创新人才支持计划(人文社科类)
2018 年河南省哲学社会科学规划项目：质量兴农战略下河南省种粮农户绿色生产行为形成机制研究(2018BJJ002)
河南省教育厅人文社科项目《农民资金互助合作组织发育与风险防控问题研究》(2017ZDJH087)

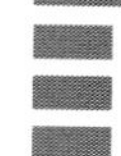

农民合作社发展模式研究

NONGMIN HEZUOSHE FAZHAN MOSHI YANJIU

刘宇翔◎著

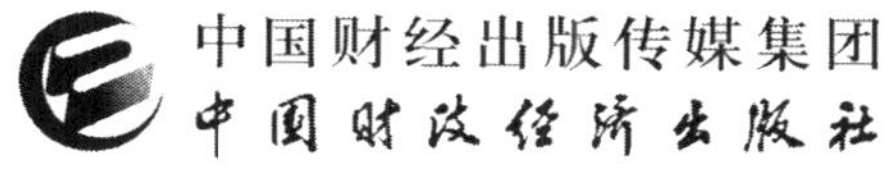

中国财经出版传媒集团
中国财政经济出版社

图书在版编目（CIP）数据

农民合作社发展模式研究／刘宇翔著．—北京：中国财政经济出版社，2018.9

ISBN 978－7－5095－8489－7

Ⅰ．①农…　Ⅱ．①刘…　Ⅲ．①农业合作社－专业合作社－发展模式－研究－中国　Ⅳ．①F321.42

中国版本图书馆 CIP 数据核字（2018）第 205795 号

责任编辑：卢元孝　　　　责任印制：刘春年
封面设计：孙俪铭　　　　责任校对：徐艳丽

中国财政经济出版社 出版

URL：http：//www.cfeph.cn

E－mail：cfeph@cfeph.cn

社址：北京市海淀区阜成路甲 28 号　邮政编码：100142

营销中心电话：010－88191537

北京财经印刷厂印装　各地新华书店经销

710×1000　毫米　16 开　14.75 印张　220 000 字

2019 年 2 月第 1 版　2019 年 2 月北京第 1 次印刷

定价：58.00 元

ISBN 978－7－5095－8489－7

（图书出现印装问题，本社负责调换）

本社质量投诉电话：010－88190744

打击盗版举报热线：010－88191661　QQ：2242791300

目　　录

农民合作社
发展模式
研究

Chapter 1

第1章 农民合作社发展模式研究综述

1.1　选题背景

在中国市场经济体制逐渐建立和完善的过程中，农业产业也正经历着由传统农业向现代农业、计划农业向市场农业的转型过程。农民合作社就是在中国农业转型过程中所诞生的一系列新的农业产业组织方式和资源配置方式，是国民经济整体改革与发展的需要；是稳定农村经济、提高农民收入的需要；是农业自身转变经营方式、提高生产效率和积累水平的需要；是增强抗风险能力和发展后劲的需要。

随着我国农村市场化进程的加快，我国农民合作社得到了较快发展，农民合作社也从初级阶段向高级阶段发展。截至 2016 年年底，全国依法登记的农民合作社达到 179.4 万家，入社农户占全国农户总数的 44.4%。其中，国家示范社达 8000 家、县级以上各级示范社达 13.5 万家、联合社 7200 多家。合作社内涵式发展迈出新步伐，超过一半的合作社提供产加销一体化服务，8 万多家合作社实施标准化生产，7 万多家合作社注册商标，4 万多家合作社通过“三品一标”农产品质量认证，两万多家合作社创办加工实体，两万多家合作社开设社区直销店开展“农社对接”。这些农民合作社按照市场需求引导农民有组织地进入市场，使一家一户的小生产与千变万化的大市场进行有效对接，不仅在一定程度上解决了单家独户的农民难以进入市场的问题，而且也在一定程度上解决了市场和加工企业面对千家万户组织货源的困难，在促进农村经济发展和增强农业的抗风险能力等方面发挥了积极作用。

农民合作社已经涉及我国农业生产的各个方面、各个环节，成为我国农村工作的重要内容，成为我国农业经济甚至国民经济的重要组成部分，在社会、经济、政治等方面发挥了重大的作用。由于我国地广人多，人口、耕地分配不均，区域经济发展不平衡以及自然环境等因素，我国的农民合作社发展模式呈多元化方向。目前我国农民合作社发展中也存在不少问题：①农民传统思想根深蒂固，合作意识淡薄；②政府工作操之过急，引导工作不规范；③缺少法律保障和政策支持；④资金筹措困难；⑤管理方法的不规范，缺少有效民主管理制度。此外，规模较小、区域限制和外部力量的过多介入也是农民合作社发展的桎梏。

在众多的农民合作社模式中，有的取得相当良好的成绩，带动了当地农业、农村的发展和农民的富裕；有些地区盲目地跟从示范模式，没有从本地的实际情况出发，而照搬成功的示范模式，结果非但没有达到预期的效果而且浪费了大量的资金和人力。本书将从纵向和横向的角度，分类比较国内外目前存在的农民合作社的模式，找到其各自的优势和劣势以及适用范围，为今后的农民合作社发展方向和模式的选择提出意见。

1.2　选题的目的和意义

1.2.1　选题目的

在我国市场经济体制确立和加入世贸组织（WTO）的前提下，我国农民将面临复杂多变的市场，由于分散经营的缺点使“小农户”和“大市场”的矛盾日益严重。农民合作社则通过各种方式将分散经营的农户组织起来，组成经济联合体，由农民自己发挥支配和主导作用，可以有效地解决这个矛盾。在各地的农民合作社发展的过程中出现了众多的模式，成败兼有。本书分析对比目前国外农民合作社的模式，着重研究农民合作社发展和贫困问题的结合、农民合作社资金来源，并提出了新的模式弥补了现有研究中的一些不足。

1.2.2　选题意义

中国农村无论在空间和时间都并存着两种基层组织：一个是履行

政府的行政职能的组织；另一种是农民自己选择的组织。农民合作社作为农民组织的一种，作为农村社区的主要民间组织形式之一，在促进农村经济发展的同时也承担一定的社会职能，对农村社会的稳定和发展起着积极的作用。通过这个研究我们可以丰富农民合作社理论，找到适合我国的农民合作经济的模式。

（1）切实保障个体农户的利益。以发展农业、农民增收为目的的农业经济改革中，我国农村出现了多种模式的经济合作组织如“公司+农户”“公司+合作社+农户”等。这些经济合作组织满足了社会和经济的需求，使农民实现了自身的经济利益和社区利益的结合；农民合作社是民办、民管、民受益的组织，是农民沟通市场的桥梁，在以小农经济占优势的国家为主的作用更为明显。经过分析比较找到适合当地的农民合作经济的模式，避免不必要的损失少走弯路，在理论上和实践上都具有重要的意义。（2）促进农业发展的产业化和规模化。向正确制度的转变可以更有效地利用生产资料、节约经营成本、提高经济效益。良好有效的模式是各种经济缓解有机的结合。（3）增强我国的农业竞争力。随着在全球经济一体化、贸易自由化和WTO的加入，如何适应新的形势、增强我国农业的国际竞争力是我国农业必须面对的问题。因此选择适合的农民合作社模式在对抗国外农业生产竞争中有着深刻的意义。

1.3 国外农民合作发展综述

1.3.1 理论综述

一般认为，关于农民合作社正式的经济学研究开始于20世纪40年代。1942年Emelianof出版专著《合作经济理论》，1945年Enke发表论文《消费合作社和经济效率》，他们将经典厂商理论应用于合作组织，视合作社为一种厂商类型，建立了一套有效的合作组织的分析方法，使合作经济开始作为社会科学中一门独立的学科出现，并推动了农民合作经济理论的发展。国际上对于合作社的研究大体分为三类：

第一类从社会变革和社会改革的角度，提出发展合作社的不同主张，主要反映在各种合作思想，包括马克思的合作思想。马克思认为，商品经济发展、社会分工和社会化大生产的发展是合作社产生的社会经济条件。资本主义的基本矛盾即生产资料的私有制和生产的社会化是合作产生的根本原因。资本主义的信用制度、工厂制度、社会政策是合作社产生的必要条件。工人阶级和其他劳动人民的积极性是合作社产生的基本动力。合作社是无产阶级和劳动人民反对资产阶级剥削的工具，也是引导农民和其他劳动者走社会主义的最好形式，是向共产主义过渡的中间环节。在第一类中还有一些其他的思想，如空想社会主义学派、基督教社会主义学派、国家社会主义学派以及合作共和国学派等。

第二类从组织发展和管理的角度传播各种合作社的模式和经验，主要见于20世纪20~30年代各国的合作社的研究中。其中以萨皮罗的思想为代表：萨皮罗主张农业应当实行合法垄断，并因此提出：①应该按照不同的农产品来组织专业合作社，使之在各自的产品市场上占据较大的份额；②这种合作社应当通过内部协调，实现农产品有秩序的销售，防止收获季节同时上市带来损失；③合作社要自上而下地建立，实行专家管理；④直接吸收社员，通过签署长期合同，建立中央集中控制的体制等具体措施。

第三类主要从经济学的角度，特别是制度经济学角度从微观分析和绩效评价来分析合作社，主要见于20世纪50年代以后。制度经济学派认为，制度创新是由于现存的制度下存在了获利的机会，潜在的利益是由于市场规模的扩大、生产技术的发展人们对现存制度下的成本和收益有了新看法等因素而引起的。但是由于规模经济的要求、外部条件内在化的困难、对风险的厌恶、市场失败和政治压力，潜在的利润无法实现。但总是有人为了获得潜在的利润克服这些障碍，当潜在的利益大于克服这些障碍的成本时，新的制度就出现了。制度创新的动力是个人追求利润的最大化，如果预期收入小于零，就不会有制度创新。从制度的变迁看，农民合作社的产生是符合经济发展规律的。由于生产力的发展、技术进步等原因，原来有效的农业生产制度已经成为非有效的。

20 世纪 90 年代以后农民合作理论有了进一步的发展：Sexton（1990）运用新古典理论发展了一个在农业营销方面的空间竞争模型。这个模型聚焦于合作社促进竞争效应，得到了投资者导向企业和一个合作社加工者在买方寡头垄断的空间市场中的价格—产出均衡。他提出，一个遵循净边际收益产品（NMRP）定价行为的合作社要比一个遵循净平均收益产品（NARP）定价行为的合作社缺乏竞争力。Zusman（1992）运用合约理论建立了在合作社中集体选择规则的组织筛选。这个模型解释了合作社在信息不充分、不确定性、有限理性和追求讨价还价成本最小化的情况下如何设计他们的章程和筛选他们的集体选择规则。这篇文章加深了我们关于当合作社面临异质性成员群体时他们如何设计规则和选择集体选择规则。Albaek 和 Schultz（1997）为研究农业营销合作社的投资决策，运用新古典微观经济学和选举理论发展了一个有关投资的模型。他们提出了选举和成本分配规则，据此合作社倾向于付出有效投资决策。文章扩展了以往在合作社投票行为和成本分担方面的工作。结果表明，一人一票的民主选举也许并不与效率矛盾，也不会扭曲营销合作社的投资决策。Bourgeon 和 Chambers（1999）建立了一个关于不对称信息下合作社定价问题的两段式博弈理论模型。他们得出一个在那些由成本效率和讨价还价能力不同的成员构成的农民合作社中的定价规则。在博弈的第一阶段，合作社诱导农民生产短期产品来取得可能的垄断租金。在第二阶段，农业社通过分配收入以导引成员实现稳定的均衡。此文有助于我们理解对于异质性成员组成的合作社，其成员群体在信息不对称的情况下，是如何通过种种定价表来影响效率的。可以实现的有效定价程度严重依赖于合作社中各成员群体的相对讨价还价能力。文章对于农业营销合作社的组织设计有着重要提示。Eilers 和 Hanf（1999）运用委托代理理论提出了农民合作社的最优合约设计的问题。他们启发性地提出了一个在合作社控制和组织设计中的主要问题，即在农业营销合作社中谁是委托者，谁是代理人。他们的结论表明，委托代理理论为研究合作社的激励问题提供了一个有效的工具。Hendrikse 和 Veerman（2001）用另一种新制度经济学方法——交易成本理论来研究在农业营销合作社中投资约束和控制约束之间的关系。论文的一个最主要的贡献是它清楚地描述了交易成本理论、治理结构概念和财务治理理论，以及它们是如何与农民合作社联系起来的。这篇文章运用新制度经济学的框架和概念描述了投资者导向企业和合作社之间的控制和投资决策的差异，运用交易成本框架为成员在决定受财政约束的治理结构的理想形式构建了一个符合逻辑的顺序。

简要评述：欧洲和北美农民合作理论和实践水平是比较先进的，西方合作理论将合作经济的本质概括为劳动者的经济联合，不仅揭示了合作经济组织作为群众性组织体现的是内部劳动者之间的相互关系，并且进一步阐明合作经济组织内部劳动者之间的关系是在自愿联合、共同拥有和民主管理制度框架下，以经济参与的方式，共享经济成果的特殊经济关系。这一概括既具有很强的综合性，又具有很强的限定性，因而更科学、更准确地反映了合作经济的本质特征。合作经济理论研究也早已从寻求其存在合理性解释，走到对合作社组织制度进行深入剖析（产权、契约、博弈、代理、交易费用、资本市场等视角），再走向关注在新的经济社会技术条件下合作社组织制度的应对和调整。在此进程中，成员利益的异质性、投资激励和决策规则的设计、治理结构的选择、管理者（作为代理人）的行为、是否允许或鼓励集体行动的社会公共政策等问题日益获得研究者的重视和分析。

1.3.2 国外农民合作社模式的分析

合作社从产生至今已有两百多年的历史，在以人为本、统筹协调、可持续发展新发展观的大背景下，以合作社本身发展的情况为主线，结合世界政治经济等综合因素，可将其划分为五个阶段：1844 年之前近百年，为合作社的萌芽阶段。近代合作社萌芽产生于资本主义发展较早的英、法等国。从 1844 年第一个成功的合作社产生至 1895 年的资本主义各国大量涌现阶段。工人阶级作为独立的社会力量，把建立合作社与建立工会组织联系起来，具有典型意义的消费合作社、生产合作社、信用和农民合作社就产生于这一时期。从 1895 年国际合作社联盟成立至第二次世界大战结束之前，国际合作社联盟的成立，切实加强了各国的合作社组织之间经常而广泛的经济政治及其他方面的联系和合作，标志着合作社运动在世界舞台上已正式拉开序幕。从第二次世界大战结束至 20 世纪 60 年代，世界政治经济形势发生巨大变化，发达国家和几乎所有发展中国家都大规模地开展了合作社运动。根据新形势，国际合作社联盟还多次修订联盟章程，合作社原则也有了极大的发展和完善。这一阶段世界各国都根据本国的特点，创建了各类适应本国经济发展的合作社。从世界范围来看，合作社的数量大增、种类齐全、形式多样、经营管理灵活、联合范围与合作层次有很大发展，各国各类合作社组织间的交往与合作更加密切。从 20 世纪 70 年代至 21 世纪的今天，以美国为代表的发达国家的“新一代合作社”发展迅速。在遵循合作社基本原则的前提下，“新一代合作社”在社员资格、服务宗旨、产权制度、组织管理制度、分配制度、合作原则与市场原则的结合上都有创新。各发展中国家也都根据自己的国情，创造合作社发展的新模式。

美国农民合作社，就其制度形式而言，是农场主自愿参加组织起来的非营利机构，其经营目标不是获取合作组织的利润最大化，而是通过为其成员服务，使参加者从合作经营中获取最大收益。从合作组织职能角度看，美国合作组织可分为销售合作组织、采购合作组织及产销一体化合作组织。美国农民合作社的基本经营原则有：（1）合作社仅为其成员所有，且实行民主管理；（2）资本主要有内部成员提供；（3）净盈利按成员使用服务的多少进行分配；（4）严格限制自有资本股票的偿付形式和数额。合作社的基本特点有：（1）非营利性；（2）成员权力均等，一人一票制民主管理；（3）风险共担，利益共享；（4）服务对象是本社成员；（5）严格限制使用偿付股票的自有资本，确保按服务程度分配盈利。美国的合作社按规模主要有三类：（1）由个体农民组成的集中型合作社；（2）由当地若干合作社组成的联盟合作社；（3）混合型合作社，按合作社的分工有供销合作社、电力合作社、信贷合作社等。美国农民合作社在美国农业现代化过程中有着重要的作用，但目前也面临着由于传统合作社运行的机制落后、农产品价格不断下降、生产成本的上升等问题。虽然我国和美国的资源禀赋和社会经济发展程度有很大的不同，但是都是以农民家庭作为农业经营为主体，所以可以借鉴建立在家庭经营基础上的美国农民合作社的模式。

在日本把农村和市场联系起来的是“农业协同组合”简称“农协”。日本农协在经济合作组织模式种类中有其鲜明的特点，与欧美最大的不同就是日本农协“三位一体”的特征：日本农协既是经济合作组织又是行政辅助组织和政治压力集团。它是根据日本政府1947年颁布的《农业协同组合法》建立，以协同组合主义思想为基础，由农户和非农户自愿入股参加的农民自己的合作经济组织。农协在其50多年的发展历程中，规模不断发展壮大，无所不在的合作组织在提高农民的组织化程度，保护农民利益，增加农民收入等方面发挥了不可替代的作用。同时，农协还代表农民与政府对话，反映农民的意愿和争取农民的合法权益，以此来提高农民的社会经济地位和影响。日本农协制度之所以取得如此大的成功与其自身的特点是密不可分的。综括起来有以下几点：（1）组织上的严密性。日本农协制度采取三级系统的组织体系，即分为中央农协、县级农协和基础农协。基础农协是以市、町、村行政区域为单位组织起来的，称为“单位农协”；以“单位农协”为团体会员组成都、道、府、县一级或相当于这一级的组织；以都、道、府、县一级组织为会员构成全国一级的组织。而且每一级农协组织都与本级行政组织相对应，关系密切。（2）参加的普遍性。日本每个村都有农协的基层组织，几乎把每个村庄的所有农户都组织起来，使农户与农协紧密地结合在一起。我国和日本都是人多地少的国家，小规模的家庭经营成为农业生产的主体，因此可以借鉴一些日本模式的经验推动我国农民合作社发展进程。

简要评价：比较美国和日本的农民合作社发展，它们代表了两种发展模式：专业化和综合化发展的模式。尽管两国的发展道路不同，但是也可以总结出值得学习的一些先进经验。（1）坚持和完善家庭经营基础上的农业生产体系，保护农民拥有的产权，保障农民参与农民合作社的经济性。（2）建立完善的农民合作社结构和制度，使其符合现代企业的特征，确保农民的利益不受损失。（3）对农民不断的培训，使其更多地了解合作利益和目的积极参加合作组织。（4）政府完善农民合作法保障农民合作社的法律地位。

1.4 我国农民合作社发展综述

1.4.1 理论综述

我国农民合作的研究大致可以分为两个阶段：第一阶段20世纪

80 年代到 90 年代末，这一阶段主要研究改革以后农村涌现出的不同程度上具有合作性质的几类经济组织，即农村社区合作组织、农村合作基金会、农村股份合作企业和农村专业协会。这一时期也出版了一些关于介绍合作经济理论的书籍（米鸿才，1988；陆文强等，1988；徐更生等，1986；杨坚白，1989；蒋玉氓，1989；张晓山、苑鹏，1991；姚监复等，1994 樊亢等，1994；俞家宝，1994；洪远朋，1996）。

第二个阶段 20 世纪 90 年代末到现在，越来越多的学者着力论证发展我国农民合作社的必要性、重要性和迫切性，同时积极讨论我国农民合作社的发展思路，也既是发展社区型组织，还是专业型组织，或是同时发展，“分而治之”。人们开始将注意力转移到研究农民合作社的发展现状、制度特征和运作机制等。李炳坤（2000）提出，从目前我国农村的现状来看，提高农民组织化程度，最佳选择是大力推进农业产业化经营，更高要求是积极发展农民合作社，最低起点是普遍推行“订单农业”。农业部农业产业化办公室（2002）、张晓山（2000）提出，应通过发展合作经济，增强农民的组织化程度，提高我国农业产业和农产品竞争力，在世贸组织（WTO）框架和规则内实施对农业和农民的有效支持。黄祖辉（2000）则从理论上说明了农民合作的必然性和普遍性在于农业生产的自然性、分散性和分散经营的家庭特性，描述了农民合作的新的变革态势，进而提出在农业家庭经营基础上，引导和推动农民的合作，尽快建立农业家庭经营制度与农民合作制度相融合的农业制度与组织体系，已是我国农业与农村发展的一个关键。苑鹏（2003）提出农业企业化是 21 世纪初农业基本经营制度创新的新亮点，而农民合作社则是农业企业化的有效组织载体。陈阿兴和岳中刚（2003）则通过分析农产品流通困境及其原因，认为在农产品流通环节建立高效率的流通合作组织是解决农产品流通困境的有效途径。此外，潘劲（2000）、冯开文（2003）、薛兴利等（2000）、孙亚范（2003）、胥爱贵等（2001）分别通过对全国、山东烟台、山东、江苏等范围的农民合作社的发展现状的面上调查，分析了农民专业合作组织在现实中的类型、作用、运作机制、制度绩效、存在问题和发展趋势等。郭红东和蒋文华（2004）、石敏俊和金少胜（2004）则通过 Logit 模型对影响农户参与专业合作组织的意愿和行为的因素进行了实证研究。他们的研究表明，农户参与合作社的行为受到农户的生产经营状况（如兼业与商品化程度）、文化程度、对合作社制度的认知程度、政府支持等多方面因素的比较显著的影响。徐旭初（2005）、李长健和冯果（2005）等研究农民合作社的立法问题，认为农民专业合作组织立法都应促使农民专业合作组织更加具有面向市场的、社员主导的、有竞争力的制度的趋势。

2006 年《中华人民共和国农民专业合作社法》出台以后，学术界对农民合作社的研究越来越多，研究视角和研究方法也不断创新，理论和实践研究不断的深入，从政策、制度视角逐渐延伸到合作的本质属性视角（邓衡山、王文烂，2014；黄祖辉等，2014；崔宝玉、谢煜，2014；秦愚、苗彤彤，2017；邓衡山等，2016）、成员视角（刘宇翔，2012；颜华、冯婷，2015；黄胜忠，2014；孙亚范，2012）、绩效视角（李道和、陈江华，2014；王昌海，2015）、社会资本视角（梁巧等，2015）、组织构架、合作社融资（毛飞等，2014；刘冬文，2018）、村庄治理视角（黄增付，2015；韩国明，2016）、风险管理（罗明忠、陈江华，2016；向德平、刘风，2017）、土地流转视角（肖端，2015；罗必良，2016）、合作社与村委关系（潘劲，2014）以及农民合作社功能视角（黄祖辉、高钰玲，2013；赵晓峰、邢成举，2016）、网络信息化视角（欧阳煌、李思，2016）等方面，学者们对农民合作社进行深入的理论分析，为今后农民合作社的研究奠定了坚实理论和实践基础。

在学习国外先进经验方面，中国学者通过对国外农民合作社进行了仔细的考察，对国外的从建立、发展、管理和政府的支持等方面做出了深入的探讨，对我们学习西方国家先进的经验提出了意见和参考。如苑鹏、刘凤芹的《美国政府在发展农民合作社中的作用及其启示》，徐更生、刘开铭的《国外农民合作社》，李炯的《美国农业合作社现状、特征分析和启示》，张刚峰、于薇薇的《意大利伦特蒂诺省的农村合作社》，高强、张照新的《日本、韩国及中国台湾信用合作运行模式、发展经验与启示》等。

1.4.2 农民合作社模式发展综述

目前我国的理论界对中国现阶段是否需要农业经济组织达成了一些的观点，对发展农民合作社的重要意义已经有了全面的认识，但对农民合作社模式选择和发展途径还有一些分歧。为了明确定义，我们查阅《现代汉语字典》中“模式”含义：“某种事物的标准形式或使人可以照着做的标准样式。”我国学者从不同角度提出了多种模式，黄珺、顾海英、朱国玮（2005）比较了新型农民合作社与传统合作社的模式；李虹（2006）提出的李庄模式；江成会、吴楚平（2006）提出的信用合作模式；郭晓鸣、廖祖君、付娆（2007），提出与企业的合作一体化模式；郭红东、蒋文华（2007），孙艳华（2008），王亚飞（2014）提出的订单模式；林冬生（2008），中央党校经济学部调研组（2009），高海（2014），肖端（2015）提出的土地合作模式；胡敏（2009）提出的旅游合作社模式；李永山（2009）提出的“期货+合作社”模式；邓俊淼（2010）提出的农民合作社推动农户创业模式；尹成远、任鹏充、陈伟华（2010），谢玉梅、齐琦、赵海蕾（2015）提出的小额保险模式；臧得顺（2010）提出的徐庄模式；周洁红、刘清宇（2010）提出的标准化生产的合作模式；姜祎（2012）提出的农宅对接模式；施晟、卫龙宝、伍骏骞（2012），李建平等（2014），曹文彬、左慧慧（2015）提出的农超对接模式；刘宇翔（2015），赵晓峰（2016），李如春、陈绍军（2017）提出的农民合作社扶贫模式；冯娟娟、霍学喜（2017）研究了“成员大会—理事会”

和“普通成员—核心成员—理事会”两种典型治理模式。

对农民合作社模式的选择中，理论界主要是从以下几个角度研究，从而产生分歧。第一，从农民合作社的功能研究，根据产前、产中、产后的功能将其模式分为：生产型、流通型和综合性；第二，基于合作组织和政府的关系，政府在合作组织发展中的作用分析，将其模式划分为自上而下型、自下而上型和混合型；第三，这种观点是较为普遍的，依据参与主体的类别和依附关系研究将其模式划分为：农户＋公司、农户＋协会、农户＋合作社、农户＋合作组织＋公司以及农户＋股份合作组织；第四，各地因地制宜，农民合作社的模式也是各有地域特色，从发展较好的几个地区总结出一些模式：邯郸模式、莱阳模式、宁津模式、安岳模式和江山模式。

（1）从农民合作社的功能上看，主要有三种模式：生产主体型的农民合作社、流通服务主体型的农民合作社、综合型的农民合作社。刘劲松在《论中国农业合作经济组织》一文中提出了这种观点。通过对这三种模式的比较我们可以看出：对于生产主体型的农民合作社，随着中国市场经济体制的逐步建立和农业生产力水平的不断提高，这种农民合作社模式将会逐步向后面两种合作组织模式过渡，从这种意义上来说，生产主体型的合作经济组织只是一种过渡性的农民合作社，不应过分提倡。对于流通服务主体型的农民合作社，由于这种合作经济组织具有上述交易的开放性，从而使它能有效地促进交易效率，在促进交易效率的同时，该农民合作社也能获得一定的经济利益，从中国农业的实际情况来看，流通服务主体型的合作经济组织是中国农民所迫切需要的一种农民合作社，在中国向市场经济转轨的过程中，这种合作经济组织在中国的适用范围将会越来越广，所起的作用也会越来越大。对于综合型的农民合作社，由于目前规模较小，而管理环节往往较多，因此其交易效率也没有流通服务主体型的高。由于中国的农民合作社尚处于起步阶段，一些农户对大规模的农民合作社有一定的恐惧心理，因此建立规模较小的综合型的农民合作社更适合于那些生产同类农产品农户的需要，这种农民合作社的适用范围也较广。

（2）从农民合作社的组建角度分析，可以将其模式分为：自上而下型、自下而上型和混合型。马述忠、郭红东等在分析浙江省农民合作社后也提出了相似的观点。通过对这些模式的研究，可以看出这种模式分类主要基于政府在农民合作社发展中的作用，以及和农民合作社的关系。对于“自上而下”型协会，由政府牵头成立协会，通过协会联结以种养业为主的农户，配合政府进一步推动行业的发展，以便克服过去农业生产靠政府指令、一手操办的缺点，而业务指导以相关职能部门为主，带有较浓的政府色彩，运行绩效易呈现虎头蛇尾的趋势；对于“自下而上”型协会，政府对协会给予充分的提倡和鼓励，但一般不轻易介入，满足了企业自身发展的需要，运行绩效呈现忽高忽低的趋势；对于“混合”型协会，政府在为它搭建“平台”、努力创造良好环境的同时，还兼有政府部分职能转变的意图，有政府行为和企业需要的双重性，运行具有良好的外部环境和内在动力以及平稳性，基本能够实现预期的目标，是目前农产品行业协会最为理想的一种模式。

（3）按照参与主体研究农民合作社模式是较为普遍的观点，赵凯、应瑞瑶等都提到过这种几种模式：农户＋公司、农户＋协会、农户＋合作社、农户＋合作组织＋公司以及农户＋股份合作组织。这种观点与农业产业化有些相似之处，因为农民合作社是农业产业化发展中必需的经济组织，而且在实践中，这几种模式已经被广泛应用，并促进了农业产业化。通过在实践中的比较，“农户＋公司”的模式由于其自身的矛盾即农户和公司是不同利益的主体，已经不再有良好的发展空间；“农户＋协会”模式也逐渐发展成为“农户＋合作组织＋公司”的模式，农民合作社将处理违约的问题，这样也有利于保障农户和公司的利益；“农户＋股份”合作组织逐渐成为发展的方向，经济实力较强的合作组织可以自己开办公司，销售农产品获得流通和销售的利益，这也是农民合作社发展的理想模式之一。

（4）按照地域特点，主要有：邯郸模式、莱阳模式、宁津模式、安岳模式和江山模式。郑有贵提出了这5种模式是根据各地实际情况出发而探索发展起来的，各有特色，都取得了良好的效果。这是由于中国地域广阔，地区之间生产力发展、经济水平的差异很大，加上各地区的社会环境、干部条件也有差异，在培育农民专业合作经济组织这个问题上，不能“一刀切”、一种模式，要因地制宜，从实际出发。

①邯郸模式。其特点是“官民结合”，由政府及有关涉农的技术经济部门选派少量骨干，与农民一起共同组织“农业服务协会”。按服务功能和产品类别不同，分别成立“综合农协”和“专业农协”。综合农协主要为农户解决产前、产中、产后服务，专业农协侧重围绕主导产品发展，办一体化经营的实体，为专业农户提供服务。依托县乡政府及有关部门出面，与农民联合组织，是一种较为现实和有效的过渡模式。

②莱阳模式。其特点是根据农业生产发展及农产品加工出口企业的需要，组织农民建立专业合作社。农民是兴办合作社的主体，同时发挥流通企业和农口服务部门以不同形式参与兴办合作社的作用。莱阳模式探索创造出一条在新旧体制转换过程中，专业农户联合方方面面涉农部门兴办专业合作社，实现两种组织资源的优化整合，为农民提供服务的新路子。

③宁津模式。其特点是在培育农民组建比较规范的专业合作社上实行两步走的步骤，即：先以“农民合作协会”形式组织起来，作为初级阶段，经过一定时期的发展，再建立比较规范的专业合作社。目前全县有近40%的农户参加了各种形式的农民合作协会，近期已有一批农民合作协会，组建成较规范的专业合作社。

④安岳模式。其特点是以一种农产品为纽带，成立股份合作制的农村专业技术协会，实现劳动者的劳动联合和劳动者的资本联合。四

川省从 1985 年 3 月安岳县创建驯龙科学养猪协会以来，已有 200 多个农村协会实行股份合作制，有会员 14783 人，平均每个协会 1664 人，拥有资金额 6684.4 万元，平均每个协会 66.18 万元。协会取得了良好的经济效果，受到农民的欢迎。

⑤江山模式。其特点是农民联合起来办专业合作社，再由若干合作社联合起来办“龙头”加工企业，形成“农户 + 合作社 + 公司”的格局。这是由农民自愿组织起来办合作社的一种较好的模式。他们还以行业协会为纽带，把农户、合作社、加工企业、销售企业等多种经营主体联合起来，形成一个较大规模的现代农业的一体化经营体系。这种组织模式与“公司 + 农户”的模式相比，不仅有利于保护农民利益，更有利于“龙头”企业的扶持发展，它预示着合作社在发展农业产业化经营中有着自身的优越性，同时也预示着“公司 + 合作社 + 农户”将成为农业产业化经营的主要模式，具有广阔的发展前景。

1.4.3 农民合作社实现途径的分歧和共识

在农民合作实现的途径上，很多学者从制度经济学角度研究，并针对我国的实际情况提出确立“渐进性、差异化、诱导型”的农民合作社模式。这是由我国的具体国情而决定的，第一，由于历史上失败的“合作”使农民产生了畏惧心理，唯恐通过合作再次丧失生产经营自主权；第二，分散经营和经济实力弱小使农民的合作能力很低，加上合作组织的外部效应使农民参加合作的积极性不高；第三，合作组织的外部环境不利于其发展，没有明确的法律地位、政府支持的力度不够、思想宣传工作不到位等；第四，农民本身文化水平低、专业知识不高，已经成立的农民合作社依然存在很多的问题，这也制约着合作组织的发展。

新制度经济学派认为制度的变迁有两种类型：强制性制度变迁和

诱致性制度变迁。我国在20世纪50年代以来，由国家推行的农村合作化运动走的是一条强制性制度变迁的路径。历史经验已经证明，虽然从方向上组织个体农民走合作化道路是正确的，但采取由国家强制实施的、运动化的方式来搞合作化、严重违背了自愿互利原则，违背了经济规律。所以说，虽然强制性农村合作化路径可以降低农民合作的组织成本，但是由于它以国家和政府的意志为主导，难免违背农民自己的利益和要求，难以取得满意的结果。诱致性农村合作化路径以农民为主体。在选择合作化组织时，由于农民是自愿的，目的是十分清晰的，就是为了降低交易费用，提高谈判地位甚至获得某种垄断意义的好处，因此，选择诱致性农村合作化路径最符合农民群体自身的利益要求。但是在小规模农户占主导地位的农村，组建农村合作经济组织是一个相当缓慢、渐进的过程。通过对强制性和诱致性路径优劣以及路径依赖的分析，可以看出两条路径都不是理想的路径，都有其自身的优势和缺陷。农村合作经济组织制度的发展不可能走单纯的强制性制度变迁道路或诱致性制度变迁道路，而应当吸纳两者的优势，摒弃两者的缺点，走一条以农民自愿为基础，政府诱导型的合作化道路。

而夏英、牛若峰认为构建合作经济有三大支点：制度、主体、环境。对于制度，他们特别强调规范化是合作经济组织能够持久发展的前提，为了避免再走弯路，规范化的制度建设应该提到合作经济发展的议事日程上来。再者，专业合作经济组织的规模要适度，因为规模运作后的合作经济组织不仅管理监督成本提高，而且大多要求较大的资金规模，这样不仅会抵消不少农民从该组织中得到的返还利润，同时还需要运作机制的创新。此外，制度建设中需要机制创新的一点是如何减少以避免行政干预。在明确主体的问题上，强调农民是合作经济的主体这一点，需要在认识上有所提高。在环境保证方面，指出我国合作经济发展的外部环境，在两个方面存在较大的局限性：一个是市场经济发育不成熟，体制有待完善；另一个是合作社发展缺少法规保障。认为应该及早从政策法规上明确大政方针，制定“农民合作社法”，对各个方面做出明确规定，使合作经济组织能有法可依，受到法律保护。

在农民合作经济的模式选择中，有的学者主张建立“公司+农户”的经营模式。他们认为“公司+农户”的经营模式虽然可以降低交易费用，但在该模式下，农户和公司是两个利益主体，农民不能以所有者身份参与公司的人事和经营决策，不能参与公司利润的分配。当公司和农户交易时，公司必然追求自身利益的最大化，而不可能把农户的利益最大化放在首要位置。在“公司+农户”模式中，公司处于中心，农户处于外围，农户始终只是公司的原料生产车间。在利润分配上，“龙头”与农民的利益关系很难协调好。承认这一点，我们就不可能把小农户在市场中的命运交给公司。“公司+农户”的经营模式即使是可供选择的模式，但绝不是小农户可以依赖的模式。有的学者主张建立专业性合作经济组织。他们认为虽然能够代表农民自身的利益，也能降低交易费用，但在中国维持专业合作组织运转组织成本太高。首先，因为农户经营规模小，这些土地又分为一二三等几块土地。农民居住分散，人口不集中，农村交通、信息网络落后，农民信息沟通十分困难，最严重的问题还在于农民的整体文化科技素质偏低，文盲、半文盲人数多，小农意识浓厚，市场观念淡薄。在这种群体中要想把分散的农户组织成一个有效率的合作组织需要支付十分昂贵的组织成本。其次，农民合作社是一种公共产品，具有较强的正外部性，排他性特征不明显，“搭便车”现象严重，一个区域组织专业性合作组织，其数量多，种类杂，如花卉的、蔬菜的、果树的、养牛的等，也限制了专业性合作组织规模的扩大。此外，在农民合作社采用何种体制发展的问题还有不同的见解，合作制、股份制与股份合作制究竟哪一个更适合于作为农民合作社的制度还需要时间的检验。总体而言，已有的成果也是有些不足：（1）对农民合作社的研究多处于现状和问题的描述浅层的分析，对于问题的成因和解决进行的研究不多。(2) 目前已提出农民合作经济模式存在一些缺点，影响了农民合作社进一步的发展。

1.4.3.1　发展趋势的分歧

通过对以上各种模式的比较和分析可以看出，由于中国农民合作基础的薄弱性，发展农民合作社必须以农民自愿为主、政府诱导为辅，建立规范化的农民合作社。但在农民合作社的发展趋势上，我国学术界依然存在一些分歧。

(1) 融合改革。主张大综合、大合作，仿照日本、韩国等东亚国家和我国台湾省在农村建立农协、农会等综合性农村合作组织的发展道路，将现有的各类专业合作组织与社区合作组织融合起来，经过改造和规范，最终办成区域内的综合性合作社。其理由是，便于有组织地协调和安排，可以明显提高工作效率、节约交易费用。同时，合作社向综合性、大型化发展，也是为国际经验所验证的发展趋势。

(2) 分而治之。主张现有合作经济组织自成体系、长期并存，其体系和格局基本保持不变，政府分别对其加以规范改造，创造条件，共同发展。其理由主要是：立足我国现实合作经济组织的发展格局，充分利用现有组织资源，以降低组织成本，保持农村经济与社会的稳定。

(3) 单一发展。主张或依照欧美国家的经验，在我国农村普遍组建专业性合作社。因为这既为发达国家的成功实践所证实，也符合我国当前农村改革和发展的需要，符合当前农村完善双层经济体制的需要，有利于革除传统“政社合一”的弊端。

(4) 因地制宜。由于我国农村合作经济组织整体发展处于欠发达状态，各地的自然条件、经济发展水平、社会文化传统不同，合作经济的发展必须有各自的基础、突破口、产业特点，有各自面临的矛盾及解决主要矛盾的途径。无论是办综合性合作组织，还是各类合作社分别规范、共同发展，应根据当地具体条件、实际需要和“合作人”发育程度，因地制宜，灵活对待，着眼不同地区的特点，创造性地寻求合作经济组织的最佳发展道路，形成自己的发展模式，切忌教条主义和“一刀切”。

笔者认为虽然欧美、日本等国的模式已经取得了成功的经验，但是由于国情不同不能盲目照搬。美国单一性农产品协会和日本综合性农业协会目前还不适合我国农业生产力发展的状况。我国农民合作社的模式应该朝区域综合性方向发展，区域综合模式是指在一定区域内，所有的农民合作社将联合成为协会联盟，主要功能是协调各协会间的发展与矛盾，为各协会提供更多的公共服务如信贷担保、公共物品的投资、社区生活的管理等。区域性的协会联盟是由各专业协会组成，由于单个的农民合作社在全国乃至世界市场竞争中的力量是相当薄弱的，将一定范围内的农民合作社联合，有利于增强经济实力，可扩大在区域经济内影响，提供更多的公共物品，并将业务扩展到农民生活的各个方面形成综合经济实体。此外，还可以减少政府的管理成本，便于补贴政策的运用。

1.4.3.2 农民合作社模式研究中的共识

尽管在农民合作社模式的研究中理论界存在着很多分歧，但是从以上的模式分析情况来看，还是可以找到一些共识。首先，我国农业合作的基础比较差，农户的分散经营、合作文化的淡薄、市场经济发展的不完善等因素制约着我国农民合作社的发展。在选择农民合作社的模式中应当选择农民能够接受的模式，不能超越发展。目前存在的“官民合办”“民企联办”模式是农民合作社发展中的过渡模式，在初期有利于农民合作社的组建和成长，但应逐渐地向“民办”转变。其次，在模式的创新中，保持合作原则不拘泥于现有的制度和模式，根据需要多种形式发展农民合作社。最后，无论哪一种模式的发展都离不开政府的支持，政府应创造出有利于农民合作社发展的外部环境。

第2章　农民合作社的研究方法

我国关于农民合作社的研究大致可以分为两个阶段：第一个阶段是 20 世纪 80 年代到 90 年代末期，这一阶段研究的主要方向是为什么发展农民合作社，相当多的学者致力于研究发展农民合作社的必要性、迫切性，所以现在理论界对农民合作社的作用以及其对农村经济发展的功能已经达成了共识；第二阶段起始于 21 世纪初期，如何发展农民合作社成为主要的研究方向，合作组织的发展道路、模式、制度受到了更多学者的关注。纵观我国对农民合作社的研究方法，可以发现在相关的研究中依然存在很多问题。从方法来说，在研究中分析方法和工具过于简单化，如过多的定性分析缺乏定量分析的支持导致理论的创新缺乏说服力；在案例方法的分析中，就案例而案例，缺乏理论的提炼；比较国内外发展的国家的经验，却没有设立比较的标准和条件。

尽管农民合作社出现和理论研究已经有了 20 多年的历史，但是我国农民合作社的发展依然处于比较落后的局面，大多数农民合作社存在规模小、管理松散、竞争能力弱的问题，农业合作理论的研究尚没有对农民合作社的实践做出巨大的推动作用。目前我国农民合作社研究的模式大致可以归纳为：①现状分析；②特征分析；③提出问题；④找出原因；⑤提出建议。在农民合作社研究中研究方法过于简单的原因主要有两个方面：①理论原因，长期以来我国的传统文化和马克思的定性研究方法很大程度上影响着我国经济学者的思维方法，我国引进和研究西方经济学只有 30 多年的历史，西方经济学的研究方法并没有完全被接受；②实践原因，农民合作社的研究涉及很多复杂的农村政治、经济、文化问题，如农民收入差距、土地制度、村干部等，这些问题往往交织在一起，西方经济学的研究方法有一定的不适应性。但是单一研究方法难以确保全面清晰地对农民合作社进行研究，而且会弱化理论创新对实践的指导意义。因此，在下一阶段的农民合作社的研究中，应当以微观的农民合作社作为研究主体，将其作为市场竞争中的一个经济主体，树立对内合作、对外盈利的思想，使研究方法多元化，能够具体地指导政府和农民如何发展农民合作社的研究，而不要只注重宏观的策论性质的理论研究。

2.1 定性分析和定量分析的结合

方法论的使用和研究受到学术环境的影响，由于我国与西方国家的研究思路和差异是比较大的，我国学者习惯于定性的分析，具体地说是运用归纳和演绎、分析与综合以及抽象与概括等方法，对获得的各种材料进行思维加工，从而能去粗取精、去伪存真、由此及彼、由表及里，达到认识事物本质、揭示内在规律；而西方的学者习惯于定量的分析，指运用现代数学方法对有关的数据资料进行加工处理，据以建立能够反映有关变量之间规律性联系的各类预测模型的方法体系，进而在定量的基础上进行定性的分析。定性分析与定量分析不是矛盾的而应该是统一的，相互补充的；定性分析是定量分析的基本前提，没有定性的定量是一种盲目的、毫无价值的定量；定量分析使之定性更加科学、准确，它可以促使定性分析得出广泛而深入的结论。在定性和定量方法的使用中，应当灵活地结合运用，两种方法都有其优势和局限性。以科学的态度使用研究方法是很必要的，不能因为追求数学模型的应用而生硬地使用定量分析，但是基于定性分析基础之上的定量分析，可以更为直观准确地分析问题并得出结论。

在农民合作社的研究中，我国学者还是偏重于定性分析方法，着重研究农民合作社的概念、模式、制度缺乏定量研究方法的思考，研究的成果多是策论性质的宏观建议，对于微观的农民合作社出现的问题缺乏研究。除了研究人员的习惯思维外，过于复杂农村问题也使定量分析的方法难以应用如前面指出，将研究的视角转移到微观的农民合作社，将其视为一个对内合作、对外盈利的市场主体，那么我们发现很多的问题可以从定量的方法研究，如农民合作社的人力资源问题、一定经济区域内农民合作社的规模和数量、农民对合作组织投资意愿的影响因素、农产品的定价、农产品的产量和销售等。总之，应用定量分析研究农民合作社是必要的，我们应当遵循“定性——定量——定性”的研究模式，寻找其发展的内在规律，提出适合我国国情的农民合作社发展的理论。

2.2 历史分析方法

德国历史学派尽管在西方经济学说史上地位并不显赫，但它在近代经济学方法论史上，却有着异常突出的地位。德国历史学派异常突出历史分析方法在研究经济制度上的特殊重要的地位，将发展的、历史的观点作为思想的主流。罗雪尔认为：“对过去各文化阶段的研究，完全具有同观察现代经济关系一样的重要性”。斯穆勒认为对经济分析应当“根据时间和空间以把握尺度和历史顺序来进行”。历史分析方法应当在经济研究的领域占有重要的地位，在农民合作社研究中也不例外，通过历史的分析可以深层次地分析农民合作社形式的发展和制度的变迁，揭示其演化的内在脉络和在特定历史、文化、制度背景下农民合作社发展的规律。

农民合作社有其特殊的周期，其经营方式和制度设计在每个历史时期都有不同的表现，CooK（1995）把合作社的发展分为五个阶段，总结起来分别为：发起阶段、发展阶段、困境阶段、淘汰阶段、转型阶段。张五常在《经济方法论》中指出他的经济学就两条理论：一条是需求定律，另一条是在一定的局限条件下争取最大利益，但在使用时需要加入一些条件。根据张五常的两条理论我们可以对农民合作社进行解释，农民合作社的产生、发展、变革都是由需求定律决定的，农民合作社作为一个参与市场的经济主体，对内它是合作原则，对外它也是在一定的局限条件下争取其最大的利益，当组织和制度不适合这个目标时就产生了变革、转化。同样可以用新制度经济学的交易成本理论、产权理论、委托代理理论解释，市场的失灵导致激励生产者联合起来共同抵抗市场风险，于是农民合作社产生了，由于产权的模糊、内部交易成本越来越大，农民合作社面临着变革，淘汰了一些不适应的组织以后，新型的农民合作社产生了。我们需要关注的是在什么条件下，因为现有的制度和组织形式不能满足其对利益最大化的追求，从而发生的一系列的变革、淘汰和转型。规律是内在的、不变的，变化的是规律发生的条件，我国的农民合作社依然遵循着需求定律和对内合作、对外追求最大化利益的原则。把农民合作社放到目前中国农村经济这一整体条件下，建立怎样的组织形式和制度是需要深入研究的。

此外，历史分析的重要意义在于强调历史演化与发展的多元化轨迹，摒弃西方中心论的思维定式，促使更多的经济学家和社会科学家以高度的历史责任感关注自身的历史进程和制度环境，关注对适合本国国情发展模式的探索。西方中心论的思维定式，仍在经济发展领域顽强地制约或限制多元经济发展模式的选择。不论是西方经济学还是新制度经济学，它们的理论建立的基础和维护的核心依然是资本主义的私有制，当然不可否认的是这些理论在促进经济发展的作用和研究方法上的巨大成就都是值得我们学习的，但是在中国经济的实践中依然存在着一些不适应性，如新制度经济学宣称的最优的资源配置制度是私有产权下的市场经济，但是新制度经济学没有有效地解决和解释俄罗斯和东欧国家迅速实现私有制后，所带来的经济衰退的问题；此外，公有制能否就不能达到资源的最优配置还没有得到证实。

2.3 跨学科、文化分析方法

协同论是研究系统从无序到有序转变规律的理论，阐述了在具体性质不同的系统中产生新结构和自组织的共同性，揭示合作效应引起的系统的自组织作用，通过类比将一门学科的成果用于其他学科。协同论促进了跨科学、文化的分析方法，近百年经济学的蓬勃发展很大程度上借鉴于其他学科的理论成果。这种方法通过多种视角研究经济发展，更有利于深刻地把握经济制度变迁的内在规律。在不同的历史文化传统和社会结构等背景下，分析经济发展和制度演变的内在规律应当采用跨科学、文化方法多视角去研究，这样的结论才更有说服力。此外，这种分析方法更有利于打破西方中心论的思维定式，促进多元化的经济发展思路。跨文化视角的分析，有利于在对异质文化环境下制度变迁的分析背景中，更清晰地把握自身文化传统和经济制度的演变规律以及发展方向，这种分析方法的应用可以促进我国经济学体系的建立。

在农民合作社的研究中，我国学者大量地研究农业发达国家的先进经验，但是往往会简单地移植这些理论和模式，提出的意见大多是需要国家加强对农民合作社的扶持力度，如财政、信贷、税收等方面支持政策，这些支持政策显然是必要的，但是中国政府财政状况还没有达到西方发达国家的水平，不可能达到发达国家对农业的保护和支持水平，因此这些建议往往是正确的但是可行性不高。还有些学者在对国内外的农民合作社发展情况进行比较时，甚至没有设定比较的标准和条件，对可比性进行研究只是找出了我国和其他国家的差距，忽视了制度比较的基础，当然很难得出可行的建议和结论。跨科学、文化的分析方法可以避免盲目地学习西方的经济理论和方法，使我国的农民合作社研究基于我国的特定的文化背景、政治、经济结构和心理传统，针对我国的实际情况找出其组织形式和制度变迁的内在规律。我国与西方国家农民合作社的发展道路和背景是有很大的差异，首先农民合作意识不强，一部分原因是对新中国成立初期的合作化运动产生的阴影，现有的合作组织并没有给农民带来明显的收益，政府过多的干预往往使合作组织带有强烈行政色彩；而西方国家的合作社往往是农民自发地组织起来维护自身利益。其次，中国自给自足的小农经济传统思想依然影响着农户的行为，尽管改革开放后人们的思维发生了改变，但这种5000年的传统文化背景是不能忽视的，而国外的农民受到的传统思想制约比较少。再次，个体的农民依然是有限理性的，他们不愿意贸然采用新的技术这样面临着生存的危险，所以宁愿采用现有的技术来维护家庭的经济收入，直到采用新技术的成本降低到可接受的程度，同样道理指导农民合作社能够给他们带来直观的经济收益以及他们能够并愿意支付其运作成本时，他们才有加入的积极性。最后，个体家庭经营方式对我国现有市场经济发展程度有一定的适应能力。在农村有很多农村的精英份子依靠个人的力量参与市场竞争并获得了丰厚的回报，在实践中也只有这些人对农民合作社有强烈的参与和组织欲望，他们能从合作中获得更多的收益而且能够支付合作组织前期的运作费用，这些人才具有有效的“合作需求”。而发达国家的市场化程度已经很高，规模较小的农场主很难适应激烈的市场竞争，他们的“合作需求”比较高，发达国家中大多数的农户都加入农民合作社，没有加入的也都是大规模的农场经营者。因此，在分析农民合作社时必须注意到以上提到的农户的基本情况、心理差异、当地市场化程度以及宏观的国家财政情况、农业政策等多种影响农民合作社发展的因素，因此运用跨科学、文化的分析方法是非常必要的。

2.4 案例分析法

科斯在《社会成本问题》以案例研究为主的实证分析向人们揭示了制度在经济中的作用。科斯采用案例研究的主要原因在于实际经济过程的复杂性，现实经济关系中错综复杂的各种因素都是，至少是以现在的知识水平，难以完全用数量关系来精确计量和完整描述的，而案例研究是对经济问题和经济决策的再现和描述，或者叫作讲故事，这种方法能够对经济过程及其复杂的情景进行深入刻画和分析，而不会产生因假设前提条件问题所产生的因素遗漏。案例分析方法真实地反映现实的经济现象，它包含这个现象中的各种信息，研究者可以从现象中归纳出内在的问题、影响因素，进而发现规律。案例分析法其实运用了“归纳法”，虽然归纳法是人们认识和改造世界的有效方法，但是案例的归纳并不能代表普遍的规律，因此“归纳”方法受到哲学的质疑。哲学家认为，从特定的事例归纳到普遍的规律在思想上需要一种非逻辑的跳跃，真实的前提有可能归纳出错误的结果。尽管案例分析法受到了质疑，但是科斯的案例分析却将经济学带入了全新的世界，并得了巨大的成就，不可否认的是，案例分析法是一种具有真实性并且比较有效的分析方法。

在我国农民合作社的研究中，也有一些学者对农民合作社进行案例分析，这些案例的分析集中于农民合作社的制度、绩效、发展方向的研究中，总结出了一些当地发展的建议，并没有对案例做理论性的提炼，促进农民合作理论的创新，就案例而案例，这是目前研究中存在的一些问题。个性和共性是相互依存的，研究农民合作社的个案可以真实地反映这个个案所处的环境以及面临的一些问题，如当地农业政策落实、农民对合作的接受程度、参加的意愿、合作组织的资金来源、人力资源、管理制度、财务状况、产品生产和销售、当地不同农民合作社发展状况比较等信息真实、准确的了解，尽管各地的具体情况有所不同但是共性总是存在于个性之中的，案例分析就是从个性中归纳出共性，案例分析方法需要注意的是确立正确的研究方向，否则研究会是徒劳的。

2.5 实验经济方法

2002年美国经济学家弗农·史密斯获得了诺贝尔经济学奖，他获奖的原因就是用严格的受控试验来研究人们的经济行为。瑞士皇家科学院赞扬他为研究经济行为“发展了一系列的实验方法和标准，这些是可信赖的实验室实验不可缺少的要素。”实验经济方法是将自然科学中的研究方法运用于经济研究，是跨科学研究方法的具体体现，让实验对象在设计好的可控环境下行动，借以分析人的行为，总结人的行为模式，验证和修改经济学的各种基本假定。实验经济学具有“可重复性”和“可控制性”的优点，经济学家可以根据自己的需要，在预定的可控环境下，对各种假定或者模型反复试验和验证。而传统的经济学收集的数据的成本较高且无法重复。实验经济方法的缺陷主要表现为实验主体和对象的主观性影响到实验的有效性，导致相同的实验由不同的实验者设计或由不同的参与者执行，得出不同的研究结论。

中国在改革开放中已经运用了实验经济方法，如深圳特区的建设、国有企业的改革、农村税费的改革等。目前，我国的农民合作社研究中尚没有人使用实验经济方法，原因之一就是这种实验需要大量的资金支持。农民合作社研究中用实验经济方法是综合性较强且比较复杂的方法，首先要选取经济情况相似的村庄，其次针对研究目的对不同试点的农民合作社进行不同的支持和限制，将可能影响农民合作社的变量逐一的加入，找出对其影响最大的因素，同时观察各种参与主体如基层政府、农民、农业企业对这些因素的反应，进而找出适合中国农村经济现状的农民合作社的组织形式、制度设计和发展道路。尽管这种方法的需要大量的投资，但是笔者认为在这些投资不但运用于做试验，同时也促进了当地农民合作社的发展，并且可以得到经济专家的指导和帮助，对于当地农村经济发展以及中国农民合作社发展来说是具有长远和积极的意义。

第3章　农民合作社发展中产权制度的变迁

回顾我国农民合作社发展的历史，从互助组、初级社到高级社，从家庭承包责任制分散经营到新型农民合作社的出现，其变革的核心就是产权制度的变迁。农民合作社产权制度的变迁再次验证了否定之否定规律，从“两田制”与“两权分离”，到土改使村社内部完全私有化和人民公社的完全公有化，再通过大包干回到“两田制”的轮回，农民也从拥有完整的产权到部分、全部的剥夺再到逐步地恢复部分产权。随着产权制度的变迁农业生产也经历着发展、衰退、再次发展和停滞的历程。明晰农村各类经济主体的财产关系为内容的产权制度改革，是建立农村基本经济制度的首要任务，也是农民合作社进一步发展的关键。

3.1　产权的功能及对农民合作社发展的影响

完整的产权制度包括对产权关系的初始界定、依界定的产权关系所采用的相关的组织形式，以及通过法律制度对产权实施的保护。适当的产权制度对社会组织效率有促进作用，其效率是通过产权制度的功能得以体现。第一，产权具有激励的功能。虽然产权并不是唯一的激励手段，但它是最为重要的激励机制。产权的激励功能主要是通过产权的行使能带来的相应的收益或稳定的收益预期来发挥对产权主体的刺激作用，促使产权主体发挥积极性提高效率。第二，产权具有约束功能，这种功能起源于产权的有限性，对任何资产的产权无论多少，都是有限的。实际上这种有限性界定了产权的边界，一方面防止产权被他人侵犯，另一方面也约束和规范产权主体的行为。第三，产权具有外部性内部化的功能。这种激励的产生取决于将外部性内部化的成本和收益的比较，只有内部化的收益大于成本时，产权才有利于外部性内部化。第四，产权具有资源配置的功能。产权的明晰可以为交易的双方创造公平的竞争的环境，促使资源流动，提高资源配置效率。

从产权的功能可以看出，完善的产权制度设置可以促进农民合作社的发展，产权残缺对农业合作化有严重的消极影响。改革开放以前农民合作化从互助组、合作社到人民公社组织的过渡，是一个以国家意志为主导，不断改变农民所有权，最终建立起人民公社的公共产权制度的过程，建立的公共产权制度逐渐剥夺了农民生产资料的使用、收益和让渡权，农民生产的积极性受到了严重的伤害，农业生产止步不前。直到家庭承包制的建立通过土地所有权和使用权的分离重新获得了土地的使用权、收益权和部分的让渡权，农民的积极性才得以提高，农业生产开始恢复并逐步地增长。

3.2 不同时期农民合作社的产权制度

3.2.1 互助组的产权制度

互助组是1953年之前农民在个体私有制的基础上的一种松散的劳动互助组织，主要是一定范围内的农民自发联合劳动，并没有改变土地改革后的农民对土地等生产资料的私人所有权和以家庭为单位经营方式。互助组的产权制度有以下几个特点：（1）农民享有对土地为主体的私有财产的完整产权，个体农民因为产权明晰，就有较高的积极性发展生产从而获得更多的农业收入。（2）农民的产权受到了国家的保护。政府实行了“耕者有其田”的政策，在土地改革以后政府给农民发放土地证以确保农民的地权。（3）互助组有公有财产。互助组通过共同购买、折价归公、公用公修等方式拥有了一些公共资产，但由于互助组是一种结构松散不稳定的农民合作社，因此公共资产经常受到损坏而无人管理。

3.2.1.1　初级社的产权制度

初级社继承并承认了互助组时期农民对土地的所有权，通过土地使用权的评资定价以股份的形式加入合作社，由合作社统一经营。对于耕牛、农具等生产资料采用私有公用、折价归公、折价存社等方法由合作社集中使用。初级社中农民享有生产资料的所有权并根据生产资料的数量和质量享有收益权。初级社组织起相应规模的集体经济，克服规模狭小经营分散的缺陷。从合作的意义上看，初级社的产权制度是新中国成立初期落后的农业生产技术条件下，较为有效的产权制度。

3.2.1.2　高级社和人民公社的产权制度

高级社不仅是组织规模的扩大而且使产权关系发生了根本性的转变。从土地关系上看，农民原有的土地均无偿转为合作社集体所有。所有由土地私有而产生的土地收益都一律被强制取消，农民失去土地报酬和对土地的经营决策的权力，对合作社行为的监督和约束也因此受到了削弱，产权激励功能丧失了应有的作用。在耕牛、农具等生产资料的处理中，入社唯一方式是由合作社“折价收买”，成为合作社的公共财产。而将耕牛、农具折价归社后的农民，所得收益还是极其有限的，折价款还得由公社分3~5年偿还。

“一大二公”是毛泽东对公社的概括，在人民公社的产权制度中，以土地为中心的一切生产资料所有权均属于比高级社更大的人民公社，原高级合生产队丧失了对任何资产的所有权，农民除了日常生活必须之外的所有的生产资料，包括土地、耕牛、农具以及农产品，家庭生产经营的功能完全被剥夺。国家确立了“三级所有、队为基础”产权制度。这种产权制度表面上确定了公社、生产大队、生产队各自具有的生产资料的范围，但是它实际上是使产权关系更加模糊和混乱，造成了生产队的产权在公社、生产大队的侵蚀下严重的产权残缺。(1)生产队必须按照国家计划指令和生产安排农业生产计划，损害了生产队对生产资料的使用权。(2)生产队丧失了收益自主权。生产队不仅要完成国家征购的粮食、棉花等农作物的需要，而且要留下农业社必需的生活和再生产的资料，其他的才能够根据情况来分配。(3)在土地等生产资料的让渡权方面，生产队依然不拥有完全的自主的权力。农业六十条规定："生产队范围内的土地，包括自留地、自留山、宅基地等，一律不许出租和出卖。"由于生产队和农民产权的残缺和分配的绝对平均致使农民丧失了发展生产的积极性，人民公社组织效率极低。

3.2.2 家庭承包制下的产权制度

家庭承包制重新确立了农民相对独立的产权主体的地位，对改革后农村经济和农业合作组发展起到了积极的作用。我国新型农民合作社的发展也是基于家庭承包制，但是这种产权制度依然有一些缺陷，与农民合作社进一步的发展存在着不适应性。(1)土地产权主体模糊不清。在家庭承包制下，农村土地所有权依然归农民集体所有，农户以承包方式获得土地使用权，集体土地产权主体不清的问题依然存在。在集体所有制的框架下，产权主体模糊往往导致各个"上级"借土地所有者的名义来侵蚀农民的土地产权。(2)农民的产权残缺不适应经济发展的变化和要求。家庭承包制对农民拥有土地产权的内容没有明确界定，这就使农民无法合理评价土地增值带来的收益。(3)土地频繁调整，承包期过短。土地的重新调整不仅使土地经营规模更加细小和零碎，而且使农民失去了对承包土地的稳定预期，其直接后果是农地的地力和基础设施不断下降。(4)土地流转制度不健全。我国政府虽然早就认识到了土地流转的重要意义，在中央文件中早已提出农地有偿转让的政策，但尚无相应配套的法律文件和供其具体操作的章程，来规范农地转让的对象、范围、程序等，限制了土地流转的规模。

3.3　新型农民合作社产权制度的构建

目前我国建立的新型农民合作社中依然存在着产权模糊的问题，这些问题已经影响到农民合作社的发展，主要体现在以下几方面：（1）社区组织行使集体产权的权力，以大股东的身份加入农民合作社控制其生产经营的权力，行政介入成为合理现象，农民失去管理权力。（2）农民加入合作组织时，并没有明确要求投入多少资产，以及在农民合作社中占有多少股份。农民可以凭借这些产权获得多少利益。在我们的调查中这些问题相当普遍，大多是农民合作社并没有针对这些问题对农民解释，即使有这方面的组织规定也很少落实。大多数农民对农民合作社产权和分配制度是不了解的。（3）农民合作社和依托单位产权不明晰。由于基础薄弱，许多专业协会在其发展初期都借助依托单位的资产开展活动。鉴于当时和谐的关系，依托单位领导大多兼协会领导，双方没有明确界定产权。当协会发展壮大资产增多时，协会和所依托单位都要顺理成章地提出对新增资产的权利，但是由于缺乏对原始资产的明确界定，从而很难对新增资产进行准确分割。其次协会活动领域扩展工作繁杂要求领导专职原来由依托单位领导兼职的局面将告结束，领导人要在依托单位和协会之间做出选择。鉴于协会的实力和影响力，一些依托单位的领导往往选择在协会任职。这样原来依托单位与协会步调一致的境况将不复存在，模糊的产权可能成为纷争的源头。

从经济关系上看，合作经济组织并非一种单一的经济形态，它包括各种不同的经济类型，体现不同的生产要素的组合方式，存在不同的产权关系。从生产要素上看，它可以是劳动的联合、劳动与资本的联合、劳动与资本与技术的联合；从产权关系方面看，它可以是私有产权之间的联合、私有产权与集体产权之间的联合等形式。不同的生产要素在合作经济组织的生产经营中发挥着不同的作用，理应获得不同的报酬，而不同的产权归属则因此形成不同的利益主体，他们的利益必须得到保障。由于农民合作社的建立途径是多样化的，其产权制度也应该因地制宜多元化发展。

3.3.1 通过对原有集体经济的改造建立的农民合作社

由于我国原有的农业供销社、农业信用合作社已经失去了原有的合作经济意义，通过对它们的改造可以充分利用原有的规模和资源迅速地建立起新型的农民合作社。这种合作组织的建立首先要明确社区农民集体财产的所有权，集体多年积累的共同财产也应是农民集体所有，要明确到农民的个人份额作为参股分红、参与管理的凭证，但是不能分配到个人手中。这样避免了集体所有权的模糊和虚置的特性，增强了对集体代理人的激励和约束机制，提高了内部组织效率，发挥产权的功能，促进农民合作社的发展。

3.3.2 农民自发组建的合作组织

农民自发组织的农民合作社是资本和劳动的结合。会员应当对它们的合作组织公平的出资，并民主地控制其资本，资本中通常有一部分是合作组织的资产。合作组织如有盈余应对会员的资本给予有限的报偿。在分配盈余上，建立公积金用以发展合作组织，公积金至少有一部分是不可分割的。按照会员和合作组织的交易额返利。这种性质的农民合作社，产权制度一般比较明晰，由于农民合作的意愿较强，只要明确规定权利、义务以及相应的惩罚措施，是有着良好的发展潜力的。

3.3.3　依托职能部门建立的农民合作社

由于我国农业合作的基础比较差，大多农民合作社是依托相关的职能部门建立的，农民合作社利用依托单位资源开展活动吸引农民加入。这种农民合作社建立初期，大部分产权应属于依托单位，但出于合作的考虑，双方并没有明晰产权，致使以后利益分配发生矛盾。这种问题的解决应该立足于产权的明晰。在合作组织建立初期双方要签订协议，依托单位的产权可以由合作组织逐渐地回购或者成为合作组织的股份，也可以将一部分产权转化为债券等。这样可以弱化依托单位过多的行政介入。在这种农民合作社的建立中，我们可以引入 BOT 投资模式，吸引民间资本以解决资金不足的问题，同时防止依托单位“一股独大”的局面。BOT 投资模式的引入还可以提高农民合作社的管理水平和工作效率，对农民进行相应的培训。在私人经营结束以后，农民可以得到完善的一体化的农民合作社，政府顺利引导农民合作，私人资本得到相应的利润，达到三体共赢的局面。

合作社建立的最初目的就是组织市场竞争中的弱势群体平等地联合起来，以达到规模经济、增强市场竞争力。合作以生产联合、消费联合为手段，以提高会员福利为目的，限制资本的重要性，源源不断地从会员中获得资金和人力资本，较公司制度更为稳健。由于经济全球化的影响以及日益激烈的市场竞争，传统的合作组织制度已经不能完全适应新的经济环境，国外农民合作社制度也随着市场环境的变化不断创新，以增强自我的生存能力。

3.4 国外农民合作社制度的变革与启示

3.4.1 农民合作社环境的改变

(1) 农业贸易和保护政策的改变。WTO 农业协定在降低关税、非关税壁垒、促进竞争、限制对农民的支持等方面对各个国家的农业政策都有不同程度的影响，农民合作社面临的农业政策也随之改变，保护政策趋向减少。贸易自由化、竞争国际化迫使农民合作社制度发生变革，很多农民合作社通过资产重组、合并、发行股份等手段增加资本来源、扩大会员基础，以适应新环境。

(2) 农业与可持续发展紧密地联系起来。农业生产观念已经从单纯促进农产品产量转移到可持续发展的观念，包括生态环境的平衡、动物福利、整体性的农村发展等。可持续发展的政策短期内使农民合作社经济增加了运营成本。

(3) 技术的进步对农业产生巨大推动。生物技术促进了农业和农产品加工行业的发展，如农产品的多样化，降低农业生产成本，促进农产品低价格、高质量、易加工。信息技术推进农业经营的流程改造，从农场到加工企业、再从物流系统到商店再到餐桌，全程化的追踪和管理，成为农业产业链发展的新趋势。农产品产业链正在进行着国际化、网络化、专业化和集中化的变革。在西欧和北欧很多农民合作社在国内成功的合并以后开始跨国性的合并或收购。此外，零售业的发展对农产品产业链造成了严重的影响，凭借销售终端和物流的优势，占有食品销售的巨大份额。

(4) 消费者行为的改变。消费者对食物的需求不仅仅局限于食品效用的最大化，而是扩展到情感的需求以及社会效益的综合。对于食品产业来说，应为消费者提供多方位的价值，包括食品的安全性、方便性、符合消费者心理需求、环保问题等。消费者行为的改变对农业和食品产业链有巨大的影响，当然也提供了更多细分市场的机会。

3.4.2　农民合作社的制度变革

3.4.2.1　产权制度

在传统的农民合作社产权制度中：所有权归全体会员所有；会员身份是开放自愿的；剩余所有权是不可交易不可评估的，可以赎回；利润的返还是根据会员的使用确定；限制资本分红；有一部分不可分割公共资产。传统的合作产权制度一直受到一些经济学家的批判，特别是来自产权理论和代理理论的批评：模糊的产权制度、开放的会员制度、不可分割公共资产造成农民合作社在一定程度上成为公共物品，导致“搭便车”行为，影响会员参与的积极性；模糊的产权制度和限制资本分红导致成员投资合作组织的意愿降低，合作组织发展资金不足。Cook（1995）从产权的角度认为农民合作社存在：（1）“搭便车”问题。（2）视野问题。（3）投资组合问题。（4）控制问题。但也有学者持不同意见，Manuel（2004）认为农民合作社的所有权制度决定了合作组织可以作为经济环境缓冲器的角色。成员有较强的归属感并为合作组织提供源源不断的重要资源，如原材料、资本等。特别是在经济衰退的环境下，农民合作社将比其他形式的公司更有生命力。合作组织的发展往往是在经济衰退的时期，如20世纪90年代芬兰合作组织的迅速发展，正是芬兰经济增长停滞的时期，合作成员积极支持合作组织的发展，而私人公司却相继破产，所以单纯因为利润率较低而指责农民合作社效率低是不严谨的，合作组织的目标不仅是利润率。Jean-Noël ORY（2007）从多个角度比较了欧洲合作银行与PLC（public limited companies）银行运营效率之后，发现合作银行在很多方面管理效率要高于或不低于PLC银行。

这些批评也具有合理性，实践证明农民合作社产权制度的确造成传统农民合作社所无法克服的严重问题：资金短缺。合作组织的发展要依赖商业运营的成功即获得利润，而商业运营则需要大量的资本，传统合作组织资本积累的速度已经不能适应愈加激烈的市场竞争，因此，欧美农民合作社也在不断地进行产权和组织结构的改革，以适应新的市场环境。Cook（2004）从所有权的视角对新型模式的农民合作社加以分类定义（见图3－1），Bekkum（2006）分析世界范围内50多个有代表性的农民合作社所有权制度改革的案例，总结了应对资本短缺和管理结构问题的改革方案。

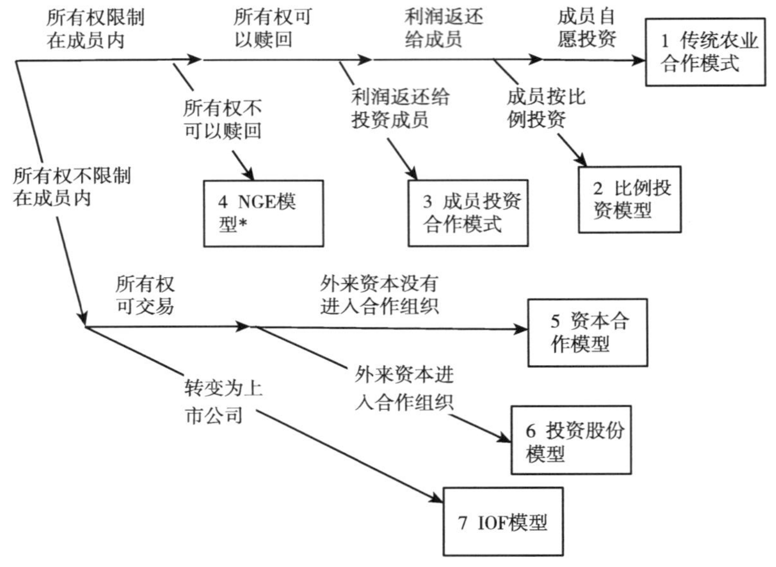

图3－1　所有权视角下可选择的合作模型

注：＊NGC 模型：New Generation Cooperative 模型

从图3－1看出，传统合作组织产权制度对资本的限制得到放松，以传统农民合作社制模型和IOF（inverstor oriented firms）模型为两个极点，将合作组织分为7个不同的模型。这些改革扩大了农民合作社的资金来源，保障这些组织发展的资金需要，而且大部分依然经营良好，也有少数的被IOF接管和收购或者直接改组为上市公司。如

图3－1 所示，所有权改革放松了所有权限制在会员内的约束以便获得外部资金，允许非会员投资，但接受外来投资的方式有所区别。在处理外部资金问题上合作组织采用了多种金融工具和控制手段，尽量以最少的控制和收益权利来换取最多的外来投资，但是控制权力和收益权利的得失往往是成反比的。IOF 常用的金融工具被运用到合作组织筹集资金的运作中，如内部股票、优先股、债券、普通股以及建立下属的上市公司等。

3.4.2.2　管理制度

传统农民合作社管理制度是民主管理，“一人一票”，这种管理制度受到了交易成本理论者的质疑。对于拥有上万甚至更多成员的合作组织来说，用“一人一票”的方式管理无疑是低效率、高成本，经典合作理论“一人一票”原则越来越受到挑战，“一人多票”在荷兰、法国及德国十分普遍。美国 NGC 突破了传统农业合作社的“一人一票”原则，以适应市场为前提，趋向多元化，即合作社重大决策按人投票，或按股投票，或按交易额投票。但是民主管理是农民合作社的制度优势之一，它将会员紧密地联系起来，有利于保持成员的团结和忠诚度。这种自下而上的民主管理能够保持合作最基本的特征。尽管在重大的决策过程中“一人一票”的沟通成本较高，但信息技术的发展可以弥补这个缺点，而且民主决策的过程保证了决策的正确性和可行性，以及成员的意志正确表达足以抵消较高交易成本的影响。我们用芬兰的奶制品合作组织 Valio 的治理结构为例来分析现在的农民合作社的民主管理。从图 3－2 可以看出，27 个合作社的管理结构也不完全相同，它们组建了 Valio 有限公司并控制了 100% 股份，农民在监事会中占据大部分职位。这种从下而上的民主管理制度从基层的会员中选举各自区域性合作组织的管理人员，在从 Valio 公司的所有者 27 个合作社的 11880 农民会员中选出合适的理事监督组织运行。公司管理层由专业的管理人员组成并负责日常事务，专业人员的管理已经成为合作组织管理的普遍趋势。重大的决策由全体会员决定，全体成员大会和监事会负责监督和检察一般不会干涉管理层日常事务，成员可以通过反馈、选举管理者、投票、退出的方法来影响管理层。

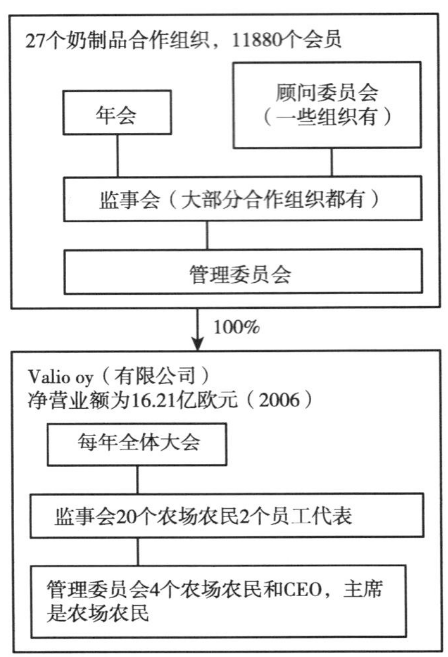

图 3－2　芬兰奶产品合作组织的治理结构

3.4.2.3　会员制度

开放自愿的传统农民合作社会员制度造成了“搭便车”的问题、视野问题以及成员的异质性引发的一系列问题。美国的 NGC 开始对会员资格进行限制，甚至是封闭会员资格，不再招募新的会员。只招募同质性会员，提高了内部沟通的效率和降低了内部交易成本，在投资和决策上成员会有高度的一致性。尽管这种会员制度使合作组织更倾向于 IOF 模型，但它们的目的、管理方式和分配方式有本质的区别，农民合作社和 IOF 最大的区别在于民主管理以及成员获利方式的差别。会员资格的限制对于农民合作社发展初期有利于提高管理效率，更快地获得经济收益，保证了商业运营的需要；但从长远的角度看，合作组织规模发展到一定程度以后继续限制会员资格则不利于组织的持久发展，限制新会员也就是限制了新会员获得农民合作社发展的所必需资源的机会。

3.4.2.4　交易制度

传统的合作组织模式一般只为会员提供服务，随着规模的扩大，合作组织与非会员的交易也更加频繁。是否与非会员交易应当基于会员的交易量是否能够满足农民合作社的处理能力。在不影响对会员提供服务的情况下，与非会员的交易是非常必要的：一方面扩大合作组织的影响力，用良好的服务和较低的价格吸引非会员加入；另一方面利用非会员的资源可以减少空闲的处理能力、降低平均成本、减少季节变化的影响，实现规模经济。

3.4.3　新世纪合作组织发展的一些趋势

3.4.3.1　规模继续扩大

市场竞争日益激烈迫使农民合作社不断地扩大规模以追求规模经济，同时为了避免同行业的恶性竞争，农民合作社往往采用合并的策略扩大规模同时获得单个合作组织无法提供的资本。大规模的合作组织比中小规模的合作组织更能够满足成员的需要，并且提供了更好的管理系统去处理成员之间的经济关系。在西欧和北欧农民合作社中，为了确保市场优势地位，扩张突破了一国范围，而且这个趋势并没有停止，但由于资金的缺乏和风险的厌恶程度高，合作组织更倾向于合并而不是收购。

3.4.3.2　从“防御性”向“进攻性”的转变

从农民的角度来看，传统的合作组织的功能倾向于保护即“防御性”，如提高农民收入、降低生产成本、提高市场地位、降低风险。随着合作组织实力的增强，会员经济收入的提高，农民合作社的功能逐渐倾向于提高农民的资产价值即“进攻性”。根据 Hakelius（1999）的统计调查，年轻的会员更倾向将合作组织视为获得经济优势的途径，而年老的会员首先将合作组织视为团结的方式，其次才是经济目的。对于合作组织来说，商业运营的成功显得越来越重要，要保持合作组织会员的忠诚度和对潜在会员的吸引力，就必须为会员提供更多的价值转移。此外，由于所有权制度的改变，合作组织必须对内部的和外在的投资者给予适当的投资回报，于是农民合作社从生产者角度逐渐转向了营销者的角度，经营策略也从防御性向进攻性转变。

3.4.3.3 追求永久性资产

传统的合作组织的资金来源主要是成员初始股份、交易量的提成、合作组织的经营收入。会员是自愿投资和自由退出的，成员退出时合作组织要赎回成员的股份，因此，在财务管理上这些股份并不被视为永久性资产，是不稳定的。为了扩大规模，合作组织需要一种永久性的资产，如不可赎回的成员股票，非投票的优先股或资本联合经营。这些金融工具在合作组织所有权改革中已经被广泛地运用，成为农民合作社筹资的重要手段，所以追求永久性资产也是合作组织发展的一个趋势。

3.4.3.4 一体化经营

一体化经营成为农民合作社发展的重要趋势之一，欧美国家中农产品的安全法律规定愈加严格，涉及范围从农场到餐桌。为了达到法律规定的生产和销售标准，农民合作社的经营范围也不断地扩展，前向和后向的扩展保证农产品的质量和品牌的树立。一体化经营使农民合作社达到了规模效应，获得从农产品生产到加工到销售的附加利润，但一体化经营也有风险，农民会将深加工环节获得的利润误以为是产量增加带来利润提高，导致价格信号的扭曲，因此在一体化经营中农民合作社的各个环节协调和控制非常重要。

3.5 总结与启示

从农民合作社制度的变革和趋势可以看出，为了适应新的经济环境，农民合作制度的变化主要是改变了传统农业中对资本作用的限制，以吸引内部和外部的投资者对合作投资的积极性，解决资金缺乏的问题。为了获得更多的发展资本，合作组织不得不放弃一部分控制和收益的权利，大部分合作组织依然坚持了民主管理的原则。制度的改革与变迁是随着经济环境的变化而进行的，结合我国农民合作社的发展可以得到以下启示：

（1）没有一个合作模式能够自动保证我国农民合作社的顺利发展。通过对欧美发达国家农民合作社制度变革的分析，可以总结出合作组织制度也是随着外在环境和内部矛盾变化而改进的。我国的农民合作社发展尚处于初级阶段，学习国外的经验可以促进合作事业的发展，但对于制度的学习不可盲目地模仿，制度的使用也有外在和内在条件的制约。我国农民合作社数量不断增加，组织制度也是各有特点，因此对于农民合作制度的界定应当基于开放的、弹性的原则，只要能保护农民利益、提高农民收入的制度都可使用，不要局限于传统的合作模式或者国外发展其他的模式。

（2）农民合作社发展不仅依赖于将农民成功地组织起来，更要依赖于良好的管理达到商业运营的成功。欧美的农民合作社发展壮大的重要原因就是专业的管理使合作组织赚取足够的利润以提高对会员的回报和服务质量，使会员对合作组织有充分的信任，自愿为组织提供发展必需的重要资源如资金和原材料等。因此，我国发展农民合作社的过程中必须注重人力资源的培养和引进，通过各种渠道使专业的管理人员走入合作事业。

（3）建立全国性的农民合作社发展指导中心。芬兰的合作运动是政府自上而下发起的，其合作总社 Pellervo 是由政府和学者 1899 年建立以促进本国农民合作社的发展。Pellervo 的机构设置包括合作顾问服务、法律指导、合作管理人员的培训、理论研究机构、合作杂志出版、不同行业发展咨询服务等。Pellervo 为芬兰各地的农民合作社提供全方位的指导服务，在一定程度上保证合作组织的商业运营成功。值得我们学习的是政府发起的自上而下的合作运动如何建立起自下而上的民主管理的组织制度，坚持使用者所有、使用者控制、使用者收益的宗旨，是芬兰合作组织发展成功的重要因素。

从表 3－1 可以看出，Pellervo 合作社的收入主要是从对成员的服务中获得，政府并没有直接对其财政支持。我国农民合作社发展目前存在着一个严重的问题，就是政府干预过多，造成合作组织对政府的高度依赖性，合作组织似乎成为政府的附属机构，独立性很差。虽然政府在农民合作社发展过程中的作用非常重要，但如何在政府的帮助下建立独立自主经营的农民合作社是我们急需解决的问题。

表 3－1　　Pellervo 2005 年收入

来源	金额（欧元）	比例
杂志	2979951	72%
咨询服务	89371	2%
会费	191197	5%
自有资产收入	849316	21%
合计	4109835	100%

（4）所有制的多样化。资金缺乏是我国农民合作社发展的主要障碍，虽然我国的农民合作社还没有能力像欧美的合作社一样发行各种金融工具以解决资金缺乏的问题，但多样化的所有权制度可以帮助合作组织找到更多的筹资渠道。在国内的调查中发现，一些经营规模

较大的农户为了达到规模经济、降低成本具有参与和组织合作的愿望，在自发建立的农民合作社中往往是由这些农户积极发起的。因此，可发行优先股或债券吸纳这些农户资金，同时给予较高的利息回报。此外，还可以借鉴美国NGC模型产权制度，如发行不可赎回的股份、限制会员的资格和退出等。灵活多样的产权制度可以增强农民对合作组织投资的积极性，解决资金不足的问题。当然如果会员觉得股份制公司更有利于收入的提高，合作组织改组为股份制公司时也要尊重多数会员的选择。

（5）农民合作社间的联合。规模小是现阶段我国农民合作社的主要特征，大部分农民合作社局限于村级行政区域的划分，跨市、跨县经营的比例不多。在竞争日益激烈的农产品市场上，农产品日益追求品牌化，优质化，产品附加值成为利润主要来源。同一气候区域内农产品的较高相似程度，造成了很多小规模的合作组织以相似的产品相互竞争，这种竞争无疑提高了农民合作社的交易成本，因此同质产品的农民合作社的联合是非常必要的。在欧美国家这已经成为一个趋势，横向联合不但可以扩大生产规模获得规模经济，避免恶性竞争，而且可以降低品牌打造的成本，树立统一的产品形象，获得更高的市场地位。

第4章 自发性不足对农民合作社发展的影响

从总体情况来看，农民合作社的发展并不令人满意，大多数的合作社基本没有发挥应有的功能。我们所借鉴的农民合作社的理论和经验，是西方发达国家通过一百多年的实践检验总结出来的，并且发达国家的农民合作社已经在农业经济发展中发挥了重要作用。但是成熟的理论和经验在我国遇到了水土不服的问题，这可以从农民合作社的外部环境和内在因素分析如下。外在因素有：①目前国家的支持政策缺乏可操作性；②合作制度供给不足；③管理机构不清晰；④合作组织发展的资源和经济条件有限。内在因素有：①组织管理机制不规范；②资金缺乏；③农民专业知识不足，人力资源的匮乏；④没有体现农民的主体地位；⑤组织和农民联系程度低。

笔者认为农民合作发展困难的根本原因是农民参与合作的自发性不足。在我国的农民合作社组建中，发挥主导作用的是政府和企业，作为合作主体农民的自发性并没有得到体现。我国目前的农民合作社大多数是以政府为主要的发起人，往往采用经济的或者隐性强制的方法吸引农民参加，忽视农民的自发性，而自发性是合作经济组织发展的前提和重要基础，参与主体的自发性不足导致的组织运作的低效性，这是我国农民合作社发展困难的根本原因。自发性是合作组织生存和发展的基本前提，以及组织与农民联系的紧密程度的重要保障，这就要求合作组织必须建立在社员的共同需求和共同意愿的基础之上，并且以社员的共同努力（包括物质和精神）所形成的合力，使合作组织具备生存和发展的能力。在我国的农民合作社的理论研究和实践中，过度重视政府的外在支持作用，以行政命令和物质激励手段人为地发展合作组织，而轻视合作组织的建立和发展所必需的经济、社会条件，没有充分认识到依靠社员自己的力量来创造生存和发展机会的重要性。

4.1 农民合作自发性不足的原因分析

4.1.1 农民对合作收益的理性预期较低

农民合作社能够帮助农户解决一些农民自己一家一户办不好的事，降低农户的交易费用。理性的农民并不是没有意识到合作的好处，而是目前合作的方式给农民带的收益未必大于成本。中国农民并不缺乏所谓合作的素质，而是缺乏愿意和他们公平合作的社会外部力量。合作需要成本，这些成本包括合作组织的组建成本、农民联合需要的交易费用、合作组织的正外部性以及组织的运行成本等。合作是弱者的联合，真正需要合作的是以生产和经营农产品为主要谋生手段的农民，而这些农民大多归属低收入群体。在农户生产规模有限、相应合作效益也有限的条件下，这种合作的成本相对较高，理性的农民并不愿支付这些成本，所以农民自发合作的积极性不高，除非有外力来支付合作的成本。因此出现了较多的由企业、政府和购销大户买单的合作组织。企业、大户之所以愿意买单，是因为他们能从“农民合作社”中得到更多的收益，这些收益可能是合作的结果，也可能是剥夺小农户利益的结果。这种由企业、大户买单的农民合作社并不是学术界所倡导的严格意义上的合作组织，不能够以农民为主体，确保农民的利益，农民也并不把这些组织当作“自己的”组织。农民从这些合作组织得不到预期的收益而且要支付交易成本，参与合作积极性必然不高。

4.1.2 政府干预对自发合作效率的替代

发展中国家希望通过免税、贷款或技术支持等物质激励手段来促进合作组织发展，这些措施提供了农民合作社建立和发展的外在条件，却往往忽视了农民的合作意愿和需求，尽管能够迅速地建立起很多合作组织机构，但是作为合作主体的农民并没有真正地加入合作只是“形式”上的入会以便获得外部的优惠政策和支持，这些合作组织从开始就与农民的联系不紧密，农民参与积极性也就不高，所以合作自发性不足是政府发起的农民合作社运行低效的根本原因。政府的干预对农民自发的合作效率和积极性产生了替代，对农民合作长远发展会产生损害。中国农民合作社作为非官方组织，其产生与发展离不开官方组织或其他组织的支持与扶助；而行政部门或其他组织在自身发展过程中需要借助合作组织实现其目标，双方的共同需要使得各类外部组织得以介入合作组织内部，在满足各自需要的同时也衍生出许多复杂的关系。政府干预虽然可以保证国家宏观调控手段通过各级政府得到落实，但是也削弱了合作组织的民主管理和自主经营的特性，降低了农民自发合作的积极性。

因此，建立合作组织的关键是产权制度的公平性，要有社员在经济上的参与，尽管参与的金额相对较小，但是经济的参与保障了组织和农民紧密程度和农民参与的积极性。所以政府在财政支持中，应该对农民合作社的资助采取严格的控制，对合作经济组织支持要有合作组织评定标准，对符合标准的合作组织给予支持，轻易获得资助可能不利于合作组织的发展，也可能产生人为的、不切实际的合作组织或者合作组织成员可能在建立之前就已经放弃了自助的动机。对于非农民自发建设合作经济组织，必须要对组织的性质进行分析，评价其是否符合国际合作社联盟规定的原则和定义。评价的指标体系应当包括：①农民经济参与程度；②管理的民主程度；③利润的公平分配；④组织的独立性和持续发展能力；⑤社员和社区的福利。通过指标体系的建立，扶植那些真正代表农民利益的组织，才能达到发展农村经济、提高农民收入的目的。我国目前由政府发起的农民合作社，更倾向于政府的附属机构，社员的自主管理被政府的控制所替代，这种合作组织在没有农民参与下依然可以运作，但是这种合作组织将成为政府财政的负担，在失去国家的财政支持以后将无法长期发展。政府对这种合作组织的支持将会导致企业或者是农民的“寻租”行为并进一步伤害农民的自发性合作。

4.2 农民合作自发性不足导致的合作异化现象

回顾 1995 年 9 月国际合作社联盟对合作社的定义：合作社是人们自愿联合，通过共同所有和民主管理的企业来满足共同的经济和社会需求的自治组织。这个定义已经得到世界各国合作组织的承认，但是合作理论被应用于我国农民合作的实践中往往发生了异化现象。这些异化现象的产生导致我国农民合作社并没有像发达国家农民合作社一样从无到有，从弱变强，成为农业经济发展的主要力量。归结到更深层的原因，笔者认为是忽视了农民的自发性，作为农民合作社的参与主体，农民并没有在目前合作组织中发挥重要的作用，这就是合作异化现象的根本原因，反过来合作异化现象进一步削弱农民参与合作的积极性。

4.2.1 民主管理的缺失

由政府、农业企业、农业事业单位发起的农民合作社的管理权并不能完全交给农民，民主管理没有得到执行，这些组织的管理权归属主管部门和农业企业，农户只是附属的生产基地，农民在这种组织里并不能获得更多的利益，而且可能要支付一些组织成本，特别是在龙头企业领头的合作组织中大部分额外的利益还是分配给这些企业。在由企业、农业大户发展起来的合作组织中，股份化的倾向极为严重，发起者往往占据绝大多数股份。根据徐旭初（2004）

在浙江的抽样调查 66 家合作社中，有近一半的合作社的前 10 大股东的股本占总股本的 80% 以上，有近 2/3 合作社的前 10 大股东的股本占总股本的 50% 以上。浙江省合作社的股权安排呈现比较显著的股份化结构，而且这些大股东大多从事非农业生产，主要从事农业企业的经营或者是农产品的销售。事实表明，合作社的大部分股金掌握在少数社员手中，管理权和剩余控制权乃至剩余索取权为这些社员所掌握，不管是政府、企业或是农业大户，都不会轻易地放弃由资本或者资源决定的控制权和收益权，由此造成了民主管理的缺失。

4.2.2　联合的非自发性

合作组织组建应当是农民的自发联合，而在我国农民的合作组织发展中，更多的是走强制性和诱致性相结合的道路，而且强制性发展的比例较大。为了发展合作，政府提供了各种经济诱惑，只要加入合作组织就可以得到多方面的支持，如政策、信贷以及财政支持，不加入就不可以得到，所以很多农民加入合作组织就是为了得到这些额外的利益。作为一个有限理性的农民，这种联合应当属于非自发性。可以思考为什么没有政府的支持农民就不积极合作，农民理性地考虑合作的成本和收益，在没有支持政策的情况下，发起合作的成本是少于收益的，或者说合作组织能够提供的服务农民可以通过其他渠道获得并且这些成本是可以接受风险也是可以承担。有些农民在调查中表示，我的作物由于质量好不愁卖，没有必要加入合作。所以联合的非自发性，导致了目前农民合作社中组织和农民紧密程度低，这个紧密程度包括经济联系的紧密程度以及心理紧密程度，在调查中我们发现很多农民对农民合作社并不关心，至于参与管理更是无暇顾及，认为这些是政府或者是领导的事情。

4.2.3 虚假合作

第 90 届国际劳工大会有关《合作社促进建议书》的讨论就涉及防止虚假合作社的问题。在巴西和其他一些拉美国家，就有以逃避劳动立法条款为目的而建立的所谓“服务合作社”。德国的《合作社法》规定，如果合作社不是以增进社员的利益为组织目的，就可以被强制解散，而且不得要求赔偿。为了促进农民合作社发展，从中央到地方都制定了一些政策扶植农民合作社，所以在这几年农民合作社的数量明显增加，但是数量的增加并不代表质量的提高。在调查中我们发现很多合作经济组织存在着“虚假合作”，合作组织的成立只是为了响应政府的号召，获得政府的支持资金或者其他待遇，并没有真正实现发挥作用，只是挂了牌子对农户没有实质性的帮助。“虚”合作造成农民对合作组织的积极性和信心的丧失，对农民合作社的长远发展有害无利，所以在合作组织发展中应当坚持宁缺毋滥的原则。还有一些合作组织根本就是“假”合作，打着农民合作社的牌子进行企业化运作，这些组织为了获得国家的扶持资金或者政策支持，并不关心农民的利益，组织建立后利用个人关系积极寻租，获得财政支持，但是现在缺乏标准的农民合作评价体系，仅仅从上报的资料中很难正确地辨析这些组织是否真的合作，因此，在今后对农民合作支持中有必要建立农民合作评价体系对达到标准的合作组织给予扶持，避免财政资金的浪费。

4.2.4 政府干预影响合作组织的效率和独立性

欧美国家的农民合作社是农民自发建立的，组织和农民之间有着密切的经济关系及紧密程度比较高，而且独立性比较强，因为这些组织的业务活动主要是将农民自身的业务活动组织起来，形成规模经营。而我国目前的农民合作社，大部分是由政府和企业单位发起组建，经济的独立性比较差，对政府的政策依赖严重，政府部门如果减少对这些组织的支持，那么这些合作组织将成为“空架子”，这些组织已经变相地成为政府的附属机构。在调查中我们发现，真正具有活力的、有发展前途的农民合作社是那些由农民自发组织起来的，农民和组织紧密程度比较高，这些农民比较关注组织的发展也积极地参与管理。政府的支持并不能够替代农民的自发性，反而会在一定程度上削弱农民参与合作的积极性，政府控制和农民合作往往是一种此消彼长的关系；政府控制越是严密，农民的合作也越是困难。在湖北某地，有一座大水库，水库里有鱼，库区部分农民靠打渔为生。鱼当然不属于某个私人所有，也没有发生“竭泽而渔”的事情，他们自己有规矩。后来，政府在这里设立“渔政所”，事情便起了变化，渔业资源受到破坏。从以上案例可以看出政府替代民间组织的作用并不总是有效率的，在大多数情况下，政府替代民间组织以后，会出现严重的效率损失，并导致“市场失灵”，但是涉及国家和社会安全等重大问题，政府的控制是必须的。

4.3　总结与建议

我国农民合作社发展困难的根本原因是农民合作自发性不足，但是如果对农民合作社发展过程不加干涉的话，这个过程将会是一个痛苦而漫长的过程，所以在建设农民合作社的过程中我国选择诱致性和强制性结合的发展道路，但在实践中依然偏重于强制性的发展路线，由于政府控制对农民自发合作效率的替代，导致了本就自发性不足的农民自发积极性变得更低。激发农民合作的自发性，要从制度和经济双重因素进行激励。从政府的角度出发，政府在对农民合作社支持的政策中，更多需要在宏观的经济环境和政策上的倾斜，制定具有详细的、可操作性的支持政策，而不是直接参与到合作组织的建设中，毕竟政府的参与不能替代农民的自发性以及合作组织的自身发展。此外，在对农民合作社进行财政支持的，应建立规范评价体系，对申请的组织的性质作出评定，确定其是否符合真正意义上农民的合作，对于符合规定的合作组织应给予经济上的鼓励，如提供财政支持、贷款补贴等经济激励。

从农民合作社自身的角度来看，建立起公平民主的组织制度是激发农民合作自发性的前提和保障，制度的公平和创新能有效地激发自发性合作行为，这些制度包括投资制度、会员制度、惩罚制度、决策制度、沟通制度、分配制度、培训制度、激励制度。组织制度创新侧重于两个方面的内容：一方面，从激励的角度出发，激励成员投资、参与组织管理、为组织发展做出贡献，激励包括物质激励和精神激励，对投资较多成员给予多于其他成员的奖励，并从精神上给予表彰。另一方面，从惩罚的角度出发，制定惩罚制度提高成员违约成本，包括物质和精神上的成本，如可以对成员缴纳的会费、押金、股金进行罚款。制度上的改进最重要的问题是保证组织的公平性，经济基础决定上层建筑，保证组织公平性从根本上说要建立一个明晰、公平的产权体系，所以要求成员拥有相同的投资，实现经济基础的公平，这样才能保证其他制度公平和民主，保证成员在组织中地位的平等，这样所有成员的权利和义务是一致的，才能减少成员选择不利于组织发展的意愿行为的可能性，促进成员投资意愿和行为。

首先，要求农民经济上的参与，建立起公平的产权制度，在产权制度的基础上其他制度才可能保证公平性；其次，会员选择需要设置一定的门槛，吸引生产经营规模、经济基础相似的农民加入，以减少组织的管理成本，农民合作社需要融资时，要采用灵活的融资方式和渠道，以劳务、物资、现金多种方式保证组织的资金需求，对于更好有投资意愿和投资能力的会员，可采用建立下属股份制机构的方式吸收资金；再次，对于参与合作的组织成员要有相应的惩罚措施预防成员违背合作契约的行为，收取押金等方式提高违约成本，降低组织运营风险；最后，坚持决策、分配、培训制度的公平性和鼓励性，每个成员都有机会管理农民合作社，对于有突出贡献的成员还应当根据相应激励制度进行精神上和物质上的奖励。

农民合作社
发展模式
研究

Chapter 5

第5章　农民合作社功能结构与模式构建

5.1 引　言

目前农民合作社在我国进入了快速发展时期，截至 2014 年 12 月，农民专业合作社 128.88 万户，比上年底增长 31.18%，出资总额 2.73 万亿元，增长 44.15%。2014 年新登记的农民专业合作社 30.95 万户，增长 9.60%，出资总额 0.78 万亿元，增长 9.51%。下一阶段农民合作社发展需要从量的飞跃转变为质的提高。2013 年中央“一号文件”首次提出农民合作社，区别于农民专业合作社，这说明农民专业合作社已经不能涵盖农民合作的发展趋势。2014 年和 2015 年的中央“一号文件”再次强调了支持农民合作社创新和发展，培育多种形式、多元化的农民合作社。从农民专业合作社到农民合作社不仅仅是名称上的改变，更重要的是合作社组织、功能结构的改革，从单一农业产业的合作经营扩展为生成、供销、信用的合作，合作社从专业化逐渐发展为综合化，以满足农民不断发展的合作社功能需求。2006 年，时任浙江省委书记习近平同志提出积极探索建立农民专业合作、供销合作、信用合作“三位一体”的农村新型合作体系。

在农民合作社发展历程中，形成了以欧美国家农民合作社为代表的专业型合作社体系和以日韩农协为代表的综合型合作社体系，这两个类型的合作社都有着各自的历史背景和经济积淀，欧美专业型合作社的基础是大型农场，日韩综合型合作社的基础是小规模农户。尽管我国人多地少的农业生产现状和日韩比较接近，但是我们也不能照搬日本农协模式，笔者认为我们要发展专业型农民合作社与综合型农民合作社并行的发展道路，发展专业型合作社促进经营同质化农产品的农户联合及合作，发展综合型合作社侧重于农村社区服务、农民生产生活服务、金融服务，两者根据需要协调发展，农民可以参加多种合作社满足自我发展需要。本书研究的主要问题是农民合作社功能对农民收入的影响，从专业合作社到综合型合作社转变以后，合作社最重要的变化是服务功能增加，这些功能对农民收入是否有影响，影响的力度多大，这些是本书研究的核心问题。

5.2 文献综述

梳理前人文献，我国学者对农民合作社的功能从多个角度深入研究，取得了很多值得借鉴的研究成果，但是对于合作社功能对农民收入的影响定量研究相对较少，对“三位一体”的合作制度的研究相对缺乏，前人的研究可以分为三个视角。

第一，农民合作社功能定位与分类研究。

王威（2006）在功能观视角下观察农村金融体系，农户是农业经济中金融功能的需求主体，而合作金融组织形式具有实现功能的比较优势。张学鹏（2006）研究了农民合作社应该发挥的功能以及社区合作经济组织的缺陷和村民委员会的职能定位。唐宗焜（2007）认为，合作社作为社员联合所有和民主控制的企业，是具有社会功能的企业形态，兼具企业部门和社会部门功能。崔宝玉（2008）认为，经济发达地区资本控制下的合作社呈现出明显的功能弱化现象，并同时伴随着合作社“产权锁定”特征。刘沫茹（2009）认为，必须明确农民合作社功能及法律定位，以切实发挥其对农村经济发展的促进作用。李小丽（2010）认为，新型农民合作社具备互助功能、传递功能、培训功能和服务功能的同时，带动农民生产积极性、带动农民生产能力、拉动农民增加收入、拉动农民职业转换、推动农业产业化进程以及合作经济组织企业化的功能日渐凸显。郭红东（2009）认为，合作社的人力资本资源也决定了合作社其他资源功能的发挥，因而对其健康成长有重要影响。黄季焜（2010）使用7省760个村庄

142个农产品农民合作社的大样本随机调查数据，从农民组织提供服务功能强弱这样一个视角对我国合作经济组织的发展状况及主要影响因素进行了实证研究。费广胜（2012）分析了农民合作社价值取向与生态文明价值理念的契合性，农村生态文明建设需要农民合作社生态文明功能的充分发挥。孙亚范（2012）研究表明，多数组织存在着成员规模小、服务功能不完善和股权过于集中、民主管理机制薄弱、盈余返还制度不健全的问题，相当一部分的合作社自我发展能力和带动农户增收能力还较弱。高建中（2014）从合作社功能的丰度、广度、深度3个维度测度了合作社功能发展指数，用多元回归分析方法研究了影响合作社功能发展的因素。徐旭初（2014）认为，我国农民合作社经济功能突出，社会功能轻弱，政治功能几无空间。

第二，不同类型农民合作社的功能界定。

王忠海（2009）基于北京市房山区农民专业合作社发展的实践，提炼出农民专业合作社的五大功能系统：提升农民话语权，提高农民的综合素质，增强市场竞争力，促进农民增收致富以及推动农业产业化发展。王拓（2009）通过采纳农户意见对合作社功能进行重要度评价，并提出基于农户需求的合作社功能建设方案。赵晓飞（2009）认为，要真正实现农业增产、农民增收，重要任务之一是建立和强化集“农产品采购、加工、仓储、运输、销售于一体”的流通合作组织。郭晓鸣（2010）认为，公司领办型合作社作具有不稳定性，应加强政策导向，使其朝着具有经济实体功能、基于劳动合作的独立性合作社的方向演变。王曙光（2010）则是在全过程、全要素合作理论的论述基础上提出发展综合合作社的必要性。黄祖辉（2012）从农业产业化的角度，构建了农民专业合作社服务功能实现程度的分析框架，并利用3省241家样本合作社的数据实证分析了影响农民专业合作社服务功能实现程度的主要因素。陈新建（2013）利用广东省26个乡镇地区的50家水果生产类农民专业合作社的调查数据，分析了合作社的食品安全方面的服务功能和发展的主要影响因素。赵晓峰（2013）认为，“家庭农场＋合作社”模式具有以下综合优势：保证单位面积农田的最大产量，提高农业经营效益；吸引青年农民居村务农，发展现代农业；改善农业生产基础设施条件，提高农民抵抗旱涝灾害的能力；增强农民的市场主体地位，提升市场竞争能力。申龙均、韩忠富（2014）指出日韩发展农民合作社的方向，从技术、销售、金融、保险等方面发展农民专业合作社的新业务。

第三，在农民合作社“三位一体”研究。

何继新（2012）认为，“三位一体”瑞安农协治理模式应紧紧围绕农村合作金融和涉农资源整合的组织化建设这两个核心问题展开。胡振华（2012）认为，“三位一体”农协的构建至少在实践上可以提供政府农村公共服务采购的平台，大大提高新农村建设经费投入的效率。苏立胜（2013）探索和总结了瑞安市农村合作“三位一体”的农业经营体制机制。赵兴泉（2014）认为，应着力把农民专业合作社打造为生产合作、供销合作、信用合作“三位一体”的农民合作社，使之成为农村发展合作经济的主体力量和综合平台。仝志辉（2014）研究得出，农民专业合作、供销合作、信用合作“三位一体”的农民合作的思想逐步在中央农村改革的布局中成为核心主导思想。陈林（2015）对于浙江发端的农村合作“三位一体”改革进行了经验总结和理论探讨，进一步促进金融、流通、科技三重合作功能的一体化，鼓励专业合作与社区合作的相互交融。

简要评述：前人的研究对农民合作社功能进行了多角度的探讨，包括从经济、社会、政治、生态、文化、金融等视角提出具有建设性的观点，同时对不同类型的农民合作社提出功能的定位和要求，包括专业合作社、社区合作、企业领办的合作社、“家庭农场＋合作社”等，这些研究为我国农民合作社下一阶段的发展提出创新的见解，为进一步的研究奠定了坚实的基础。在农民合作社功能研究中理论结合实践，为农民合作社发展提出新的路径和解读。“三位一体”是农民专业合作社内部在自我需求基础上的变革，在生产基础上融入销售、金融业务，意味着合作社功能和组织结构的扩展，本书的研究集中于农民合作社功能对农民收入提高作用的定量分析，用灰色关联度模型，将生产、供销、信用合作的数据量化分析，并加入管理要素，验证农民合作社功能结构对农民收入的影响。

5.3 理论构建

在农民合作社功能研究中，前人研究多是从农业产业链的角度出发，从生产前、中、后期角度，主要功能构架包括物资采购、技术培训、生产管理、产品销售、树立品牌、运输、加工、贸易、补贴、融资等，并对农民合作社功能的可实现的影响因素进行分析（黄季焜，2010；黄祖辉，2012），并没有将这些因素与农民收入直接联系起来，而本书的研究构架是农民合作社功能对农民收入提高有直接影响，如图5-1所示。生产、信用、供销是农民合作社的主要功能构架，而管理则是任何组织都有的基本功能，并不属于农民合作社特有功能，但是农民合作社的管理水平和民主程度对农民收入提高和成本降低有着重要的影响，为了全面分析农民合作社功能对农民收入的影响，研究将管理纳入“三位一体”的分析视角中，课题组将生产、信用、供销、管理对农民收入的具体影响。

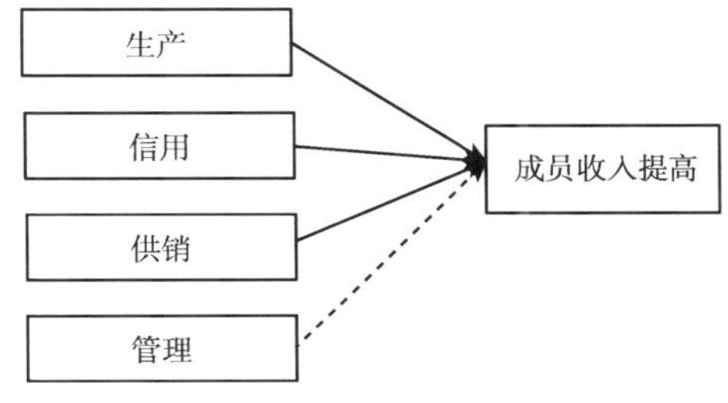

图5-1 农民合作社三位一体功能构架对农民收入的影响

5.4 模型构建

5.4.1 数据调研和基本情况说明

2014 年 8 月至 2014 年 11 月，课题组在江西和安徽两省对有代表性的合作社进行调研，选择农民合作社类型包括桑蚕、兰花、粮油、茶叶、肉猪养殖、蔬菜、养蜂行业共 15 个合作社，共发放问卷 220 份获得有效问卷 183 份，有效回收率达到 83%。变量设置请参看表 5－1。

表 5－1　　变量设置

	变量名称	取值
成员收入提高 X_0	成员对收入提高的满意度	1 很不满意 2 不满意 3 基本满意 4 满意 5 很满意
生产 X_1	种子和种苗服务满意度 X_{11}	1～5
	技术和培训服务满意度 X_{12}	1～5
	农资供应服务满意度 X_{13}	1～5
	带动当地产业发展方面满意度 X_{14}	1～5
供销 X_2	方便产品销售满意度 X_{21}	1～5
	产品卖个好价格满意度 X_{22}	1～5
	产品保鲜、储存与加工满意度 X_{23}	1～5
	产品的市场知名度方面满意度 X_{24}	1～5
信用 X_3	融资服务满意度 X_{31}	1～5
	按交易量（额）返利满意度 X_{32}	1～5
	按股分红满意度 X_{33}	1～5
管理 X_4	为社员服务方面满意度 X_{41}	1～5
	社员的凝聚力方面满意度 X_{42}	1～5
	在当地的社会影响力方面满意度 X_{43}	1～5
	对合作社发展的总体评价满意度 X_{44}	1～5

5.4.2　模型构建与分析

通常所说的系统是由客观世界中相同或相关的事物和因素按照一定次序相互关联、制约构成的整体。灰色关联度分析是指在系统发展过程中，根据因素之间发展趋势的相似或相异程度，亦即“灰色关联度”，作为衡量因素间关联程度的一种方法，如果两个因素变化的态势是一致的，即同步变化程度较高，则可以认为两者关联较大；反之，则两者关联度较小。从其思想方法上来看，属于几何处理的范畴，其实质是对反映各因素变化特性的数据序列所进行的几何比较，用于度量因素之间关联程度的关联度，就是通过对因素之间的关联曲线的比较而得到的。而农民收入与相关生产、销售、金融、管理因素 X_i（i = 1，…，4）有很大的相关性。因此，模型中将农民收入作为评价标准 X_0。（见表 5 – 2）。

表 5 – 2　　各因素的取值占比

	生产 X_1	供销 X_2	信用 X_3	管理 X_4	收入 X_0
0	17.58	23.35	39.37	10.83	12.60
1	3.70	0.00	2.93	0.00	0.00
2	1.35	1.90	0.90	0.93	4.90
3	16.75	22.80	13.73	20.08	24.20
4	48.13	43.83	37.57	52.18	49.50
5	12.50	8.08	5.47	15.93	8.80

对各因素与收入进行关系分析，模型中将农民收入 X_0 作为评价标准，而 X_0 受到 4 种因素 X_i 的影响，这种利用因素 X_i 对因子 X_0 的灰关联度来表示 X_i 对 X_0 的影响大小，属于单因子情况下的灰色关联度分析。影响因素与评价标准之间的绝对差记为：

$$\Delta_i(k) = |X_i(k) - X_0(k)| (i = 1, 2, \cdots, 6) \tag{5.1}$$

定义影响因素 X_i 与评价标准 X_0 在第 k 个点的灰关联系数为：

$$r(X_i(k), X_0(k)) = \frac{\min\limits_{i,k}\Delta_i(k) + p\max\limits_{i,k}\Delta_i(k)}{\Delta_i(k) + p\max\limits_{i,k}\Delta_i(k)} \tag{5.2}$$

其中分辨系数 p∈［0，1］。显然，当 p 越大时，分辨率越大；当 p 越小时，分辨率越小。一般取 p＝0.5。

定义评价指标 X_i 与评价标准 X_0 的灰关联度为：

$$r_i = \frac{1}{5}\sum_{k=1}^{5} r(X_i(k), X_0(k)) \tag{5.3}$$

将表 5－1 的数据代入式（5.1）、式（5.2）、式（5.3）中，计算得 X_i 与 X_0 的关联度，如表 5－3 所示。

表 5－3　　　　各因素对农民收入的影响程度

影响因素	X_1	X_2	X_3	X_4
与 X_0 的关联度	0.7076	0.8347	0.6334	0.8043

模型运行结果说明了生产、供销、信用、管理与收入提高的关联度，如图 5－2 所示。与成员收入提高关联程度从高到低依次为供销、管理、生产、信用。第一，在目前农民合作社的主要功能中，供销功能对农民收入的帮助最大，也就是农民合作社的统一采购物资和统一销售实现了价格改进，将现阶段农民收入水平提高的作用最大，统一采购降低成员生产和生活成本，作为农资购买方提高了市场地位，作为农产品卖方供应量的提升，也提高了交易过程中的谈判地位；第二是管理功能，组织管理是农民合作社的基本功能，有效管理能提高组织运行效率降低组织运营成本，提高成员的凝聚力和忠诚度，降低农民合作社内部的交易成本，对成员收入提高作用也较高。第三是生产功能，生产功能覆盖了产前、产中、产后服务和技术指导，生产功能是农民合作社的主要功能之一，合作社统一指导生产，促进成员生产的规模化、集约化、标准化，降低了新技术的使用成本实现规模效

益，整体上提高了产量和土地利用率。第四是信用，信用合作是农民合作社发展的重要功能，成员通过合作社封闭的信用合作体系能够及时得到生产、生活中必要的发展资金，这对在资本市场缺乏竞争优势的农业来说提供可持续发展的重要动力，同时也避免农村剩余资金向城市转移的问题，信用合作能够有效降低成员使用资金的成本和借贷周期，提高资本周转率，降低经营成本和风险，目前信用合作功能还有待于推广，不是大多数农民合作社的主要功能，所以对成员收入提高的作用还相对较低。

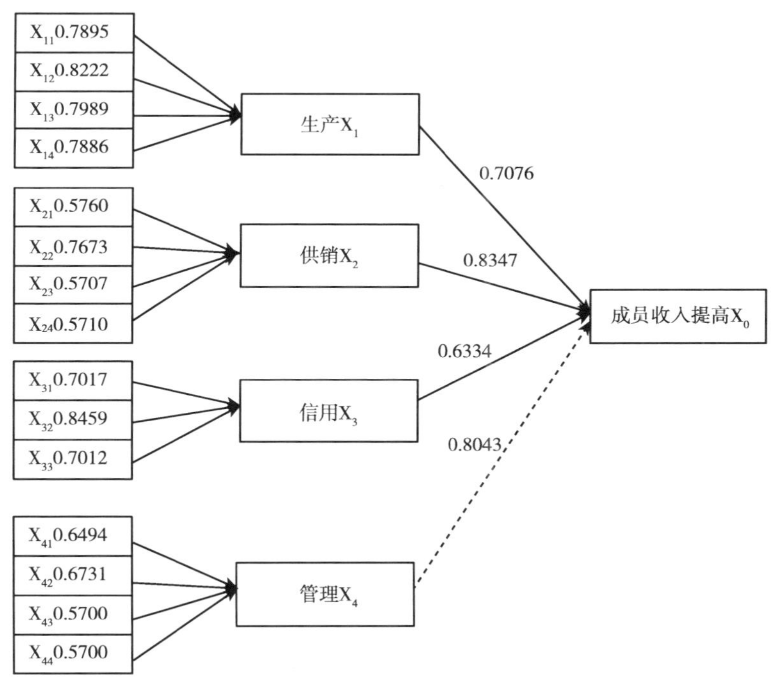

图 5－2　农民合作社不同功能与农民收入的关联度

为了进一步分析各个变量的具体作用，模型计算了三级指标与二级的关联度，通过图 5－2 计算结果可以看出，技术和培训服务对生产的帮助是最大关联度也最高，说明合作社生产服务中技术和培训对农民收入的提高作用较大，先进技术推广有利于农民收入的提高，农民合作社需要选择适合的产品和技术并培训成员；供销功能中价格改进与供销功能的关联度最高，这也是农民加入合作社的最重要的原因之一，短期内的价格改进能有效提高农民收入；按照交易量返回与信用合作功能关联度最高，这是农民合作社特有的二次返利，能较好地提高农民收入，是合作社利益与农民利益有效统一的方式；与管理功能关联度最高的是合作社凝聚力评价，这说明成员间的良好关系能有效降低合作社内部的交易成本，提高管理效率对组织成员的收入提高有一定的帮助。

5.5 “三位一体”视角下农民合作社可持续发展建议

5.5.1 农民合作社功能扩展

农民合作社功能逐渐从生产扩展到供销、信用合作，随着农民合作社进一步发展，农民合作社将会具有更多的功能，借鉴国外农民合作社发展的经验，我国农民合作社功能也将不断扩展与完善，如合作银行、合作超市、合作社子公司、农业合作保险、农村社区发展、合作学校、农村合作能源、农民合作社信息化、农民合作扶贫等，农民合作社功能将从农业生产领域扩展到农业制造业、农业服务业领域，成为覆盖农民生产、生活的全方位服务的合作社。这些合作社的主要目标是为成员服务、提高成员收入，但是目前我国农民合作社还处于发展的初级阶段，与发达国家近百年合作社发展历史相比还有很大的差距，但是合作社功能扩展是未来发展的趋势。

5.5.2 合作社的联合发展

我国农民合作社经历了数量快速增长的阶段，已经有 100 多万个农民合作社，下一阶段将是质的提高、量的减少，数百万的农民合作社将根据产业需要和成员发展需要不断合并发展，形成全国性的专业合作社或者是区域综合性的合作社，合作社的合作将成为未来发展重要方向，运营成功满意度较高的农民合作社将不断合并同产业、同类型的合作社并使之发展壮大，而满意度较低的合作社成员会“用脚投票”加入发展较好的合作社。合作社合作将构成我国农民合作社的发展体系，成为二级、三级合作社，帮助指导全国范围农民合作社发展，并促进我国农产品出口参与国际竞争，农民合作社将成为现代农业经营主体之一。全国性专业合作社主要针对某种农产品形成的合作；区域综合性合作社则针对一定区域内农民生产、生活的服务合作。

5.5.3　农民合作社顶层设计

在我国农民合作社发展初期，政府、学者、农民对我国农民合作社的定义、理解、发展途径的争论一直持续不断，但是争论没有打断合作社的快速发展，我国农民合作社发展中出现了各种类型的合作社、股份合作社、土地合作、农民专业合作，甚至也出现合作社异化发展，一定程度上偏离了国际合作社原则，学者们也提出了“先发展后规范”的观点，等合作社发展到一定程度，由政府指导、市场选择、农民选择，在实践中相关部门也采用类似方式以推荐合作社数量快速增长，效果非常显著，但是也带了虚假合作、无效合作等问题。因此研究认为，下一阶段我国农民合作社需要顶层设计，从战略高度、规划高度整体规范农民合作社长期发展战略，顶层设计不能走“先发展后规范”，要提前制订我国农民合作社发展规划，规范初期成立的农民合作社存在的问题，淘汰虚假、无效的合作社，鼓励规范经营、真正为农民服务的合作社扩张合并，逐渐培养农民合作社的二级合作社，与合作社发展体系，在不同农产品领域建立全国性的专业合作社，以及不同省域内的综合性合作社，培养能够与发达国家农业企业、农民合作社竞争的合作社和合作公司，在顶层设计上，支持以现代农民、家庭农场为基础的农民合作社体系建设。

5.5.4 职业农民和家庭农场的培养

职业化农民和家庭农场将是现代农业的经营主体之一，也是农民合作社的基础，尽管我国农业人口众多，但农业人口的转移是我国工业化、城镇化的必然趋势，因此职业农民的培养虽然具有一定的超前性，但是也符合未来我国现代农业发展方向，现代农业经营者需要经过职业农民的认证，可以通过制订优惠政策来鼓励农民的职业化，如职业农民可以扩大土地经营规模、优先贷款、优先进入农民合作社管理层等。职业农民和家庭农场是我国现代农业发展基础和方向，提前做好农民职业化工作，可以推进我国传统农业向现代农业的转型和升级过程。

5.5.5 农民合作社政策支持和补贴

农业补贴受到世贸组织（WTO）规则的限制，不能超过农业总产值的8.5%，所以农业补贴前几个途径的增长空间已经不大，未来的补贴方向需要做调整，从“黄箱”调整为“绿箱”，对农民合作社的补贴是国际通用的做法。在现有农民合作社支持政策中，可操作性不强，落实到基层合作社的帮扶作用还有待于加强，政策偏向于发展较好的合作社而不是起步阶段的合作社。我国农民合作社发展需要完善的政策支持体系，现有的农民合作社支持政策还有待于进一步完善。

农民合作社
发展模式
研究

Chapter 6

第6章 农民合作社联合发展模式研究

6.1 引　言

根据国家工商总局公布统计，截至 2015 年 2 月农民专业合作社 133.74 万户，同比增长 28.74%，出资总额 2.89 万亿元，增长 41.60%。自从 2007 年《农民专业合作社法》实施以来，我国的农民专业合作社发展呈快速增长趋势，实现了量的增长，为农民收入的提高，小农与市场对接起到了积极作用。量变引起质变，我国农民合作社的下一步发展是从量的提升转为质的提升，农民合作社联合、扩张、整合将会成为我国农民合作社发展的趋势。以村、乡行政区域为基础基层合作社在市场中，通过不断地合作、竞争、合并、兼并等方式实现规模扩张，实现规模经济效应降低内部交易成本，避免同质恶性竞争。2016 年中央“一号文件”指出：“完善农业产业链与农民的利益联结机制，加强农民合作社示范社建设，支持合作社发展农产品加工流通和直供直销。”并鼓励供销合作社、龙头企业、社会资本等以多种方式、多元化途径推进农民合作社发展，实现“让农民共享产业融合发展的增值收益，培育农民增收新模式”。目前以村为单位的农民合作社，从功能结构、人力资源、资金、社会资本来看，要达到“农产品加工流通和直供直销”还存在一定困难。实现这个目标需要推进农民合作社联合发展，提高农民合作社市场地位、形成规模效益，进而整合或构建加工、流通、直销资源，所以农民合作社联合发展有一定的内生动力和外力支持。

回顾欧美农民合作社发展历史，合作社规模扩张有四个特点：一是合并的方式居多，这样减少现金支出会降低组织扩张的成本；二是每次经济危机爆发以后合作社就会快速发展，显示了农民合作社强大的生命力；三是农民合作社纵向规模扩张后，数个强大的农民合作社会联合发展对单一农产品形成国内的合法垄断，并参与国际农产品市场竞争；四是农民合作社横向联合将会形成区域综合型高级合作社，全面覆盖一定区域内农民生活、农业生产，包括生产、销售、金融、物流、农产品加工等各个方面，经过数十年发展壮大的农民合作社足以和世界跨国公司竞争。

尽管我国农民合作社还处于初级阶段，很多农民合作社发展不规范甚至出现合作异化的现象，但是通过竞争、淘汰、规范、整合以后，以成员为核心，坚持“民主、公平”原则的农民合作社将会具有更强大的生命力，不规范的合作社将会被淘汰或改制，因为农民合作社最重要的资源是成员，没有成员的支持合作社发展是没有基础的，随着农民合作意识和认知的提高，成员将会采取“用脚投票”的方式选择适合的农民合作社。无论是自上而下的发起还是自下而上的发起方式，农民合作社的联合发展必须尊重成员意愿满足成员需求，因此本书的研究是从成员意愿角度研究农民合作社联合发展，并找到相关的影响因素，为农民合作社联合发展提出针对性的建议。

6.2　文献综述

梳理前人文献，学术界对农民合作社研究非常深入，从合作社产生的机理到合作社管理制度到合作社存在的问题剖析等方面，引入多种数学模型进行量化分析，取得了很多优秀的成果，对我国农民合作社健康发展具有重要指导意义。但是，目前文献中对农民合作社联合发展的研究较少，从成员视角研究的则更为稀缺，总结现有对农民合作社联合发展研究的成果，大致可以分为三个研究方向。

第一，农民合作社联合发展的原因和类型。Hudson 和 Herndon（2002）认为，农民合作社参与并购的动机主要有竞争、补助、研发和市场多元化需求，农民合作社纵向一体化有利于产量的提高和市场份额的增加（Jeffrey，2007），可以提高成员收入，达到规模经济，农民合作社联合发展是降低内部交易成本的必然结果（周杰，2014），联合社制度安排使得整个社会福利得到帕累托改进（张娟，2012），农民专业合作社联合的是农业生产发展必然要求（王艺华，2011）。Caboand Rebelo（2005）认为，对信用合作社来说规模效益利润增加，管理成本降低是扩展的主要动力。苑鹏（2008）总结出：其一，走向联合是农民专业合作社发展的必然趋势，并无固定范式；其二，政府对于合作社联合社的扶持不可或缺，但应当有个“度”；其三，合作社联合社关键在于能否坚持独立、自治、民主的精神。我国现有的农民专业合作社联合组织，联合会、协会、联合社三种形式（李玉文，2011），三种联合组织在组织属性、行为目标、运作机制等方面存在的差异（牛立腾，2014；刘同山，2014）。周振（2014）则从同业与异业两种联合社形态出发，以“组织化潜在利润—合作社产品异质性—谈判成本—合作社制度创新”作为研究主线，对这两类联合社的不同制度变迁生成路径进行了理论解释。

第二，农民合作社联合发展的国外经验总结。国外农民合作社发展较为成熟，为我国农民合作社联合发展提供了许多可以借鉴的经验，如西班牙蒙德拉贡合作社联合社（黄植培，1995）、澳大利亚农民联合会（李平，2002）、日本农协系统（山田定市、李中华，2004）、美国艾奥瓦州农业合作社及其联盟组织（徐旭初，2013）。国外经验证明农民合作社联合的积极作用，能够有效弥补基层农民合作社功能不足，具有多种组织功能可以为成员提供金融、生产、储运、销售以及生活等方面服务，完善农民合作体系。

第三，农民合作社联合发展的影响。农民专业合作社的联合经营对农业经济增长的影响显著为正（姜松，2013），高级别的下游垂直整合的农业合作社能有效地产生规模效益（Salazar and Gorriz，2011），完善我国农业领域反垄断豁免制度，从法律上支持农民合作社的产业垄断推进农民合作社联合发展（许英，2013）。但是 Nilsson 等（2012）指出，由于农业合作社内部成员的彼此不信任，致使在追求纵向和横向一体化的过程中，社会资本流失严重。Barton 等（1993）用案例分析了农民合作社合并以后财务绩效的表现，孔祥智（2013）则以四川省井研县联合水果合作社为案例，深入分析成员异质性对农民专业合作社治理机制的制度安排带来的影响。

通过文献梳理可以发现，学者们从多个视角对农民合作社进行深入研究，取得了丰富的成果，包括内涵、功能、管理、制度、绩效、成员异质性、合作社融资等方面，采用多种模型和理论构架，对农民合作的理论和实践起到了积极推动作用。但是国内外学者对农民合作社联合发展方向的研究还有待于进一步深入，现有的研究以案例分析为主，定性分析过多，定量研究较少，对农民合作社联合发展的研究还存在着不足之处。大多数研究认同了农民合作社联合发展的趋势，对农民合作社联合发展的原因、必要性、类型、经验借鉴、影响因素等进行了分析，但是对于农民合作社联合发展的机理需要进一步深化，前人的研究多是从组织的视角，缺乏对成员的关注，没有从成员的意愿研究农民合作社联合发展问题。成员是农民合作社的所有者、使用者、管理者，忽视成员意愿的农民合作社发展是不可持续的。有鉴于此，本书在前人研究的基础上，对农民合作社成员联合发展的意愿进行研究，剖析相关的影响因素，构建成员联合发展意愿模型，为农民合作社联合发展提供理论支撑和实践指导。

6.3 农民合作社联合发展的理论分析

农民合作社出于利润、融资、市场、规模等因素的考虑倾向于联合发展，获得更多的经济收益，这是一种组织发展的趋势。基于前人研究，课题组将农民合作社联合发展定义为：“单个农民合作社为满足成员发展需要，为实现降低交易成本、规模效益、完善组织功能等目标，与其他农民合作社进行合作、合并、兼并等行为，是农民合作社组织间的经济合作活动。”在农民合作社联合发展的理论的研究中，周杰（2014）用交易成本理论解释了合作社联合原因：“农民专业合作社之间的联合是为了利用不同合作社的优势，通过彼此之间的合作创造新的价值，从而实现各个成员共同发展的目标”。张娟（2012）、周振（2014）则从制度变迁角度解释合作社联合发展路径选择和必要性“制度变迁的诱致因素是变迁主体期望获取最大潜在利润，潜在利润是诱使行为主体和决策主体自发进行成本收益比较并实施制度创新的根本动力。”苑鹏（2008）、徐旭初（2013）、刘同山（2014）等人则从案例研究的角度出发，总结农民合作社联合发展的原因和趋势。在系统论的视角下，市场经济系统中农民是基本的个体，单个农民合作社是个体集合构成的新经济主体，即一级合作，农民合作社的联合就是新经济主体的重新组合构成更为复杂的经济组织，即二级合作，这个过程中多个主体不断重复、组合，就产生了复杂的农民合作社体系，如图6-1所示。

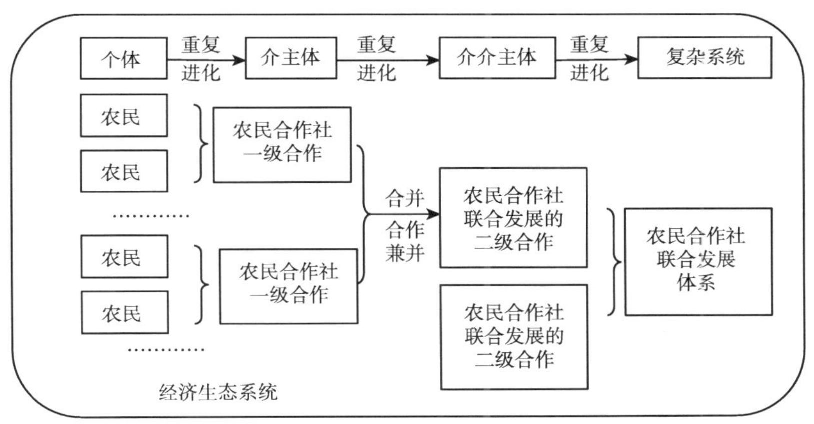

图6-1　基于复杂适应系统理论的农民合作社联合发展机理分析

本书的研究基于复杂适应系统理论（CAS），Kamo（1997）将CAS理论运用于商业组织的变革和规模扩展，适应系统理论为组织变革提供了新的思想与原理（刘洪，2006），CAS 理论对于管理领域解决复杂系统中的各种复杂问题和现象具有重要的指导意义（陈理飞，2007）。现有的研究中还很少有学者从 CAS 视角研究农民合作社，我们可以借鉴 CAS 理论的组织进化视角，将农民合作社视为一个“进化型组织”，将整个经济视为一个生态经济系统，则单个的农户是 CAS 理论中具有适应能力的、主动的“个体”，通过与环境的交互，农户不断修正自己的行为规则，不断生存和发展。当个体农户不能适应市场规则时，单个农户不断聚集、采用农民合作社的方式，维持并扩大自我的生存能力，合作规则是农户在持续不断的交互作用过程中，不断地“学习”或“积累经验”，并且改变自身的结构和行为方式结果，所以“公平、民主”的合作社是农户反复适应并集中单个主体行为规律的集合，合作社就是农户主体集合、适应、演化、涌现的新的比农户更强大的“介主体”即一级合作。农民合作社联合则是这些“介主体”在复杂系统中进一步的进化，通过合并、收购等方式，形成较大的、较高层次的个体“介介主体”即二级合作社，这个进化过程多次重复、组合，从而产生了农民合作社体系。合作社联合不是简单的合并，也不是消灭个体的吞并，而是新类型的、更高层次上的个体的出现；原来的个体没有消失，而是在新的更适宜自己生存的环境中得到了发展，农民变成了合作社成员并向现代农民转型，农民合作社也在不断地进化变革，向高级阶段发展，农民合作社的联合关系具有是多样化、非线性、分散化、混沌边缘的特点。农民合作社联合的高级形态也就是目前发达国家中强大的全国范围内的农民合作社。农民合作社的组织进化，可以是自发的也可以是外力推动，通过与环境不断物质和能量的交互，农民合作社可以不断发展壮大。研究认为，合作社进化中最重要的是成员的需求和意愿，尽管外力推动可以加速这个过程，但是内因则是发展的关键，所以成员对合作社联合发展意愿是整个进化的基础，忽视成员意愿将会导致合作的失败。

6.4　成员对农民合作社联合发展意愿分析

6.4.1　模型数据

为了获得一手数据，充分了解成员对农民合作社联合发展意愿，课题组于 2014 年 8 月至 2014 年 11 月在江西和安徽两省进行调研访谈，共发放问卷 220 份获得有效问卷 182 份，有效回收率达到 83%，调研的 15 个合作社都是当地的特色农产品，如桑蚕、兰花、粮油、茶叶、养殖、蔬菜等，发放形式为集中填写，在合作社召开会议时发放，并有专人解答填写中的问题，调研的对象都是农民合作社成员，变量设置请参看表 6－1，为方便农户调查，变量设置较为口语化。变量的选择是基于广泛地参考前人文献的基础上，根据研究目标加入部分关于农户参与途径、对农民合作社融资、供销功能的评价和预期等变量，是针对农民合作社内部成员意愿和行为的调研，从多个视角调查农民对现有合作社发展的评价和未来联合发展的预期以及相关影响因素，所以部分变量是前人文献中的参考和总结，并增加一些关于农民合作社联合发展的变量。总体上变量的设置可以分为农户基本信息、成员参与途径和原因、成员参与管理方式、成员对农民合作社运营绩效评价四个类型，因此本章整体模型构架可以用以下两个方程式来表达：

Y_1社员对农民合作社未来发展预期 = F_1（农户基本信息、成员参与途径和原因、成员参与管理方式、成员对农民合作社运营绩效评价）（6－1）

Y_2社员对农民合作社联合发展意愿 = F_2（农户基本信息、成员参与途径和原因、成员参与管理方式、成员对农民合作社运营绩效评价）（6－2）

尽管 CAS 理论中各个主体间的关系是多重的、复杂的，我们可以选择多种模型进行研究。但基于两个因变量的取值、定义和特征，为了深入分析两个自变量的影响因素，研究使用不同的模型进行分析，目的是发现影响成员联合发展意愿的潜在因素。

表 6－1　　　　变量描述表

因变量	变量取值
Y_1社员对农民合作社未来发展预期	1＝很不看好；2＝不太看好；3＝很难预料；4＝看好；5＝很看好
Y_2社员对农民合作社联合发展意愿	1＝有必要 ；0＝没有必要
自变量	**变量取值**
成员基本信息	
年龄	年
文化程度	1～5 小学以下、小学、初中、高中、高中以上
您家在当地的收入水平	1～5 程度上升
种植（或养殖）在当地的规模	1～5 程度上升
合作社运作方面的知识了解程度	1～5 程度上升
对合作社法的了解程度	1～5 程度上升
成员参与途径和原因	
加入合作社时间	年
是否缴纳股金	1＝是；0＝否
参与合作社途径（合作社动员、政府动员、看到了好处自己要求参加、其他途径）	1＝是；0＝否
合作社的发起人：①生产大户；②贩销大户；③龙头企业；④供销社；⑤农技部门	1 是；0 否
是否自由加入	1 是；0 否
您家所在合作社社员主要来自：（本村、邻近村、其他村）	1 是；0 否
参加原因：能得到种子和种苗服务，能得到技术和培训服务，能得到农资供应服务，能方便产品销售，能让产品卖个好价格，能得到产品保鲜、储存与加工，能得到融资服务，能按交易量（额）返利，能得到按股分红	1～5 同意程度上升（1＝不同意；2＝有点同意；3＝比较同意；4＝同意；5＝很同意）

续表

自变量	变量取值
成员参与管理方式	
您熟悉本社社员的程度如何？	1 熟悉全部社员 ；2 熟悉部分社员；3 熟悉很少社员
您与本社社长的熟悉程度如何？	1 不熟悉；2 比较熟悉；3 很熟悉
社员退社或入社决定是谁说了算？（社员代表大会、理事会决定、理事长或社长决定）	1 是；0 否
所在合作社里的重大事情由谁说了算？（社员大会、理事长或社长、理事会）	1 是；0 否
表达不满的途径（通过社员代表大会、通过监事会、直接向理事会或理事长提 、威胁退出合作社、不提意见，随它去）	1 是；0 否
成员对合作社运营绩效评价	
合作社发展情况的满意程度：为社员服务方面，社员的凝聚力方面，产品的市场知名度方面，提高社员收入方面，合作社自身盈利能力方面，带动当地产业发展方面，在当地的社会影响力方面，对合作社发展的总体评价	1～5 满意程度上升（1 = 很不满意；2 = 不满意；3 = 基本满意；4 = 满意；5 = 很满意）
从合作社得到服务的满意度：种子和种苗服务，技术和培训服务，农资供应服务，方便产品销售，产品卖个好价格，产品保鲜、储存与加工，融资服务，按交易量（额）返利，按股分红	1～5 满意程度上升（1 = 很不满意；2 = 不满意；3 = 基本满意；4 = 满意；5 = 很满意）

6.4.2　模型构建

成员对合作社联合发展的意愿研究模型分为两个阶段：第一阶段，研究成员对合作社前景预期评价进行分析；第二阶段，对成员联合发展意愿影响因素进行研究。社员对合作社未来发展前景的看法，1 表示“很不看好”，2 表示“不太看好”，3 表示“很难预料”，4 表示“看好”，5 表示“很看好”，选项之间有着天然的顺序。对于第一阶段的研究，本章使用 Stata 软件选择排序 Logit 模型（ordered logit model）来分析影响社员对合作社未来前景看法的因素。这个模型假设不可观测变量$y^* = x'\beta + \varepsilon$与可观测变量 y 之间的关系如下：

$$y = \begin{cases} 0, \text{if} & y^* \leqslant c_0 \\ 1, \text{if} & c_0 < y^* \leqslant c_1 \\ 2, \text{if} & c_1 < y^* \leqslant c_2 \\ \cdots\cdots\cdots & \\ J, \text{if} & c_{J-1} \leqslant y^* \end{cases} \tag{6-3}$$

其中$c_0 < c_1 < c_2 < \cdots < c_{J-1}$被称为“切点”。如果假设 ε 服从逻辑分布，则：

$$P(y=0 \mid x) = P(y^* \leqslant c_0 \mid x) = P(x'\beta + \varepsilon \leqslant c_0 \mid x) = P(\varepsilon \leqslant c_0 - x'\beta \mid x) = \Lambda(c_0 - x'\beta) \tag{6-4}$$

依次可以推导出：

$$P(y = J \mid x) = 1 - \Lambda(c_{J-1} - x'\beta) \tag{6-5}$$

由此获得样本的似然函数，并得到 MLE 的估计量。

第二阶段是社员对合作社联合发展意愿的研究，1 表示“有必要”，0 表示“无必要”，这是典型的离散变量二值选择模型。这个模型假设不可观测潜变量$y^* = x'\beta + \varepsilon$可观测变量 y 之间的关系如下：

$$y = \begin{cases} 1, \text{if} & y^* > 0 \\ 0, \text{if} & y^* \leqslant 0 \end{cases} \tag{6-6}$$

如果假设 ε 服从逻辑分布，可以推导出：

$$P(y=1 \mid x) = P(\varepsilon > -x'\beta \mid x) = P(\varepsilon < x'\beta \mid x) = \Lambda(x'\beta) \tag{6-7}$$

可以写出样本函数，并得到 MLE 的估计量，即是二值 Logit 模型。

两个模型之间关系密切，社员对合作社未来发展前景的看法（y_1）影响社员对合作社联合发展的意愿（y_2）。从两者的比例分析可以看到这种关系（见表 6－2）。

表 6－2　　社员对合作社未来发展前景看法与社员联合发展意愿比例分析

y_1 频数		百分比	累计百分比	y_2 频数		百分比	累计百分比
很不看好	4	2.20	2.20				
不太看好	9	4.95	7.14				
很难预料	42	23.08	30.22	无必要	75	41.21	41.21
看好	117	64.29	94.51	有必要	107	58.79	100.00
很看好	10	5.49	100.00				
合计	182	100		合计	182	100	

根据对前期的文献梳理和调研以及以上数据分析，我们做出以下假设：

H_1：成员对农民合作社前景预期评价越好，联合发展意愿也就越强烈。

H_2：成员文化程度越高，联合发展意愿也就越强烈。

H_3：成员对合作社了解程度越高，联合发展意愿就越强烈。

H_4：成员对合作社成员熟悉程度越高，联合发展意愿就越强烈。

H_5：成员家庭收入越高，联合发展意愿就越强烈。

6.4.3 模型运行结果

对所在合作社发展前景评价的影响因素中，正向相关的变量有："家庭经营规模所处水平，参加合作社途径——看到好处，自己主动参加，合作社的事情有谁决定——社员代表大会，对得到的技术和培训服务满意度评价，对得到农资供应服务的满意度评价，对得到的产品保鲜、储存和加工服务满意度评价，对得到的融资服务满意度评价，对得到的按股分红服务满意度评价"。从表 6－3 的运行结果可以看出，家庭经营规模较大的成员对合作社前景评价较高，说明现有农民合作社能满足这部分成员需求，一定程度上也说明家庭农场能够与农民合作社协调发展，家庭农场需要一定的经营规模，为了实现规模经济、降低成本，基于家庭农产的农民合作社具有一定的发展潜力；从合作社参加途径看，自己主动加入合作的成员对农民合作社发展前景评价较高；从管理方式角度，社员代表大会成为主要管理方法的合作社，成员对合作社前景评价较好；从服务满意度角度，技术服务、融资服务、股份分红满意度能够较强地影响成员对合作社发展前景预期，这三种服务能很好地满足成员生产和融资、利益分配的需求。与合作社发展前景评价负向相关的变量有：“对本社社员的熟悉程度，对方便产品销售服务满意度评价”。这说明成员对其他社员的熟悉程度越高，对合作社前景预期也就越差，根据交易成本理论越熟悉越能降低信息不对称，减少不确定性，交易成本也就越低，结果说明合作社现有成员可能有违背合作社规定的意愿或者行为，需要制订相应的激励和惩罚制度，减少成员违约行为的发生；此外，认为合作社提供产品销售服务满意度越好的成员对合作社前景预期也就越差，这与我们的估计是有一定差距的，可能是合作成员构建自己与市场的对接体系有脱离合作独自经营的倾向。

表 6－3　Y_1 社员对农民合作社未来发展预期排序 Logit 模型估计结果

变量	系数	标准误	z 值	显著性水平
家庭经营规模所处水平	2.6879	1.1923	2.25	0.024
参加合作社途径——自己主动	6.3325	2.5213	2.51	0.012
对本社社员的熟悉程度	-3.9474	2.0600	-1.92	0.055
合作社的事情有谁决定——社员代表大会	5.5986	3.2499	1.72	0.085
对得到的技术和培训服务满意度评价	4.5531	2.5085	1.82	0.070
对方便产品销售服务满意度评价	-5.5447	2.4402	-2.27	0.023
对得到的产品保鲜、储存和加工服务满意度评价	3.3106	1.9130	1.73	0.084
对得到的按股分红服务满意度评价	4.4476	2.2513	1.98	0.048
对得到的融资服务满意度评价	2.5698	1.5326	1.68	0.094
对得到农资供应服务的满意度评价	4.6621	1.8954	2.46	0.014

续表

变量	系数	标准误	z 值	显著性水平
LR chi2 (24)	65.92			
Prob > chi2	0.0000			
Log likelihood	-25.89936			
Pseudo R^2	0.5600			

从表 6-4 的运行结果可以看出，与成员联合发展意愿正向相关的变量有：“对所在合作社发展前景的看法，年龄，文化程度，对合作社运作的了解程度”。这些变量表明年龄较大的成员对合作社依赖程度较高，他们更希望合作社提供更多的服务；文化程度越高成员对合作社联合发展意愿越强，对合作社了解程度越高的成员对合作社联合发展意愿就越强烈，这些变量说明合作教育是非常必要的，增加合作知识和文化程度更有利于成员对合作文化的了解，推进合作社健康发展。与成员联合发展意愿负向相关的有：“家庭收入所处水平，参加合作社的时间，所在合作社发起人——生产大户，所在合作社发起人——龙头企业，对本社社长的熟悉程度”。这些变量说明家庭收入越高的成员对合作社联合发展意愿越小，说明收入较高的农民能够与市场进行有效对接，对合作社服务需求相对依赖较少。参加合作社时间越长的成员对于联合发展的意愿越弱，说明现有合作社发展并不能让成员满意，所以需要不断增强合作社功能。对于生产大户和龙头企业发起的合作社，成员对合作社联合发展需求较弱，说明这些合作社处于主导地位是生产大户和龙头企业，成员话语权较低基本上处于被动合作的地位，成员参与合作积极性相对较差；此外，对合作社社长熟悉程度越高的成员对合作社联合发展的意愿越弱，说明一部分合作社社长对合作社占有绝对的控制权，合作社“公平、民主”程度较差，这些社长可能更倾向于将合作社改制为股份制企业。研究结果表明：假设中 H1、H2、H3 通过检验，假设成立，H4、H5，没有通过检验，假设不成立。

表 6-4　Y_2 社员对农民合作社联合发展意愿二值 Logit 模型估计结果

变量	系数	标准误	z 值	显著性水平
对所在合作社发展前景的看法	0.9726	0.3547	2.74	0.006
年龄	3.1480	1.3252	2.38	0.018
文化程度	0.8097	0.3445	2.35	0.019
家庭收入所处水平	-0.9227	0.3694	-2.50	0.012
家庭对合作社运作的了解程度	0.7613	0.3318	2.29	0.022
参见合作社的时间（年）	-0.6865	0.2132	-3.22	0.001
所在合作社发起人——生产大户	-2.2149	0.6281	-3.53	0.000
所在合作社发起人——龙头企业	-2.4918	0.8228	-3.03	0.002
对本社社长的熟悉程度	-1.5874	0.4703	-3.38	0.001
常数项	-13.0350	5.7836	-2.25	0.024
LR chi2（16）	65.46			
Prob > chi2	0.0000			
Log likelihood	-90.595244			
Pseudo R^2	0.2654			

6.5　研究结论和建议

6.5.1　研究结论

通过前面定性分析和定量研究，课题组认为我国农民合作社发展趋势是分散弱小的农民合作社通过各种形式进行联合实现农民合作社规模经济，最终实现农业产业链横向和纵向的扩展，纵向扩展是对单一农产品的跨区域合作、垄断；横向扩展是一定区域内农民合作社发展成为综合型合作社，对成员生产、生活进行全方位的服务，以成员的忠诚度为基础占领农村、农业相关细分市场。农民合作社联合发展是一个渐进、重复、循环的过程，根据 CAS 理论农民合作社的联合发展是一种组织进化，通过内生力量和外生力量的推进，各个主体间存在多种物质和信息交流包括政府、农户、企业、社会，主体反复交互后，会达成合作的共识，合作过程中包含心理、经济、社会、制度、环境等因素，这个过程首先要考虑到成员的意愿和需求，作为合作主体，成员意愿决定了组织发展方向。组织规模的扩大会导致管理成本增加、成员控制权削弱、成员归属感下降、合作社管理者权力集中、组织结构膨胀等问题，这些问题已经出现在国外的大型农民合作社中，但是农民合作社联合发展带来利益足以弥补这些负面的影响。农民合作社联合发展的基础是成员认同和支持，需要考虑到成员年龄，文化程度，对合作社运作的了解程度，积极发挥这些因素的正面影响，同时限制收入较高的成员、龙头企业、生产大户、社长的在合作社中权利过度集中，对成员意愿的过多干涉的问题，避免普通成员失去合作社管理权产生的退出或者隐形退出的现象。忽视成员对农民合作社联合发展意见，将会导致合作社倒退甚至解散，农民合作社由于成员意见不一致导致解散的案例也曾在欧美合作社历史上出现过。因此，我国农民合作社联合发展必须尊重成员的意志，以成员需求和市场竞争为导向，逐步实现基层农民合作社联合发展，最终实现合作社的二级合作，以及构建全国性合作社联合体系。

6.5.2　推进农民合作社联合发展的建议

通过前期研究课题组对我国农民合作社联合发展提出以下建议；

第一，尊重成员意愿。农民合作社最大的优势在成员所有者、使用者、受益者、管理者合一的多重身份，忠诚的成员能够为农民合作社提供稳定的市场、融资渠道、原料供给，为组织发展提供必要的资源帮助合作社度过难关，与其他组织进行市场竞争。所以尊重成员意愿、满足成员效用最大化是农民合作社重要的组织特色，也是合作社与追求利润最大化的公司的区别。我们需要社会资源推动农民合作社发展，但是要保证农民对合作社的管理权和主体地位。

第二，加大合作教育力度、提高成员忠诚度。我国目前农民合作社发展的整体水平依然是合作社的初级阶段，处于量的飞跃向质的转换过程，分散独立的小合作社逐渐会认识到规模和功能缺乏从而追求联合发展，但是从课题组调研的情况看，多数农民合作社成员对于合作认识不够，处于追随阶段，没有清楚认识到自己与合作社的关系，对合作社的运营管理认知也比较模糊，因此我国农民合作社需要加大合作教育力度，让成员对农民合作社有一个清晰的认识，了解自己权利和义务，以及合作社利益和自身利益的统一，这样才能从根本上提高成员的忠诚度、减少成员违约风险、提高成员参与积极性、降低组织运行成本，提高管理效率。从欧美合作社发展经验中可以借鉴，政府与农民合作社在发展初期的开展合作教育事业能为农民合作社健康、可持续发展建立稳定的基础，以及源源不断的人力资源储备、提高成员的忠诚度。忠诚度是合作社发展基础，作者在芬兰调研时了解到“芬兰消费者合作社合并以前，成员宁愿走更远的路程选择自己所在的消费合作社而不去其他的超市消费”。目前芬兰消费合作社经过百年发展，已经成为跨农产品生产、零售、金融、餐饮等产业的庞大合作社机构，而成员忠诚度则是其发展的基础。

第三，以市场竞争和成员需求为导向。农民合作社的联合发展是合作社自我进化、自适应、调整的过程，合作社的联合也是需要组织成本和适应过程，以市场竞争为导向的合作社联合发展能够有效降低联合发展的交易成本，如同类农产品专业合作社为了避免同质化产品的恶性竞争，可以通过合并、股份互换等方式降低收购成本，而不是采用直接收购的方式。以成员需求为导向的联合，主要是实现合作社功能增加，如资金互助合作社、用水合作社、社区合作社、农村文化合作社、生活用品购销合作社等，为了满足成员不断增长需求而进行的组织横向扩张。

第四，宏观农民合作社政策支持与引导。农民合作社联合发展是一个“进化型组织”自我发展过程，诱致性制度变迁可以引导农民合作社内生力量自我发展，然后沿着非均衡的发展路径再给予一个类似于强制变迁的外部推动力，就能保证农民合作社联合沿着成员意愿与市场竞争需求的路径加速前进。目前我国农民合作社处于初级阶段，农民合作社联合发展是一个渐进的、缓慢的过程，推进农民合作社联合发展需要政府给予宏观的合作政策引导，自上而下的引导自下而上的农民合作社联合发展。此外，建立全国合作社指导机构是非常必要的，这个机构不是合作社管理机构，而是指导合作社健康发展的公益机构，经费来源于合作社会员费和信息咨询培训服务、政府和企业的捐助，由合作社方面的专家为全国合作社发展提供帮助和指导。前面模型分析说明，成员对社长、其他成员的熟悉程度较高反而会降低合作社发展预期和合作社联合发展的意愿，说明成员对其他成员和社长的不信任关系，以及成员基于社长和其他成员能力和想法的了解导致联合发展意愿降低，可以由指导机构提供管理咨询服务和发展规划帮助解决这些问题。课题组在访谈中发现“农民普遍认为仅仅依靠农民自身能力和资源，没有政府、社会支持的农民合作社是无法发展壮大的。”一方面说明农民本身的管理能力、知识水平、社会资本无法胜任合作社管理需要，需要对加强合作社成员进行合作知识培训；另一方面说明宏观政策、社会帮助对农民合作社发展的重要性。

第五，社会资源良性引入农民合作社发展。在我国农民合作社发展中，地方政府、农业龙头企业、农业技术单位、农业大户等部门占了重要的主导作用，农民自发建立的合作社相对较少。经过前面的分析可以看出，由农业大户、龙头企业主导的农民合作社对合作社联合发展的意愿较低，家庭收入越高的农民对联合发展的意愿越低。因此，在社会资源引入农民合作社发展中时，需要注意社会资源的良性引入，否则引入以后普通农民会丧失农民合作社的主导地位，无法真正实现“公平、民主”的管理和利益分配机制，从而降低农民参与合作意愿，成为龙头企业、农业大户的附属生产车间，不利于农民合作社可持续发展，最终农民会采取“用脚投票”的方式导致合作社解体。所以社会资源引入必须尊重成员的主体地位，多元化、良性引入社会资源，通过股份制联合新建项目，实现社会资源与农民合作社资源对接，而不是将农民合作社管理权和收益权以出售的方式获得社会资源、放弃成员对合作社主导地位。

农民合作社
发展模式
研究

Chapter 7

第7章　农民合作社发展中引入BOT模式的分析和研究

发展农民合作社是实现农业产业化的重要途径，它解决了“小农户”与“大市场”之间的矛盾，成为农民和市场有效沟通的桥梁。实践证明，农民合作社的发展对农民收入的提高、农业生产标准化的推广、政府对农业的支持和保护等“三农”问题的解决都有着良好的促进作用。农民合作社的发展需要良好的外部环境如立法、优惠政策等以及完善的内部制度，其中最主要的是政府资金的支持。从国内外农民合作社发展的历史经验可以看出，农民合作社的发展和政府的支持是密不可分的。但是由于资本的稀缺性，国家不可能将有限的财政资金都投入农业生产中来，这样农民合作社的建立和发展中就有很大的资金缺口。针对这种情况，我们应当广泛开拓资金来源促进农民合作社的发展。所以我们将目前国际上流行的 BOT 投资模式引入农民合作社的发展中，以弥补政府投资不足的缺口，使农业投资多渠道化。

7.1　BOT 投资模式的介绍

7.1.1　BOT 投资模式的内涵

BOT 投资模式是当今世界通用的一种基础设施建设经营管理方式。BOT 是英文 Build - Operate - Transfer 的缩写，可译为建设—经营—移交。它是指政府将那些急需建设又缺乏资金的公共基础设施项目，如公路、桥梁、地铁、隧道、电厂、供排水系统等建设工程项目，通过招标或洽谈，签订协议特许交由某些民营企业（包括外国投资者）投资设立的项目公司，由项目公司负责筹资和建设。项目公司在项目建成后，在特许协议规定的期限内拥有运营和维护该项目设施，有权通过收取使用费或服务费回收投资并获得合理的利润。特许权期限届满后，该项目设施的所有权无偿移交给政府。这种模式解决了政府资金短缺的问题，能够使公众获利，也能够使投资者拥有投资的机会和渠道，达到双赢的目的。

7.1.2 BOT的具体方式

根据世界银行《1994年世界发展报告》定义，通常包括以下三种具体方式：

（1）BOT（Build - Operate - Transfer），即建设—经营—转让。承包方融资建设某项基础设施，并在一段时间内经营该设施，然后将此转让给发包方。

（2）BOOT（Build - Own - Operate - Transfer），即建设—拥有—经营—转让。承包方融资建设某项基础设施项目，项目建成后，在规定期限内拥有所有权并进行经营，期满后将项目移交给发包方。

（3）BOO（Build - Own - Operate），即建设—拥有—经营。这种方式是承包方根据发包方赋予的特许权，融资建设并经营某项基础设施，但并不将此基础设施移交给发包方。

7.1.3 BOT模式的特点

（1）投资的前提是特许协议。BOT是特许权经营的主要形式，其基础是特许权协议，所谓特许权协议，又称经济开发协议或“国家契约”。允许其在一定条件下享有某种特定的开发经营权利，投资用于公用事业建设或自然资源开发等特殊经济活动。基于一定程度予以特别许可的法律协议。BOT投资范围涉及能源，通常是由政府或公共部门专营行业，以外商用BOT方式投资，必须经东道国给予特许经营权许可，并与其签订特许权协议方可。

（2）有限追索权是BOT投资方式的本质：在传统的公司融资方式中，贷款人追索还款的主要是借款人的自身资产。而BOT项目融资是一种有限追索权的融资方式，完全依靠 BOT 项目本身的优势而非项目主办人的信用能力，它是将归还借款的资金来源限定在特定项目收益和资产范围之内的融资形式。在 BOT 项目中，项目主办人在融资时，贷款人是针对该特定的特许权项目提供贷款，贷款清偿效果和保障依赖于项目产生的收益及其他股东和生产者在合同中约定的业务。

（3）项目岗位的合理分担。一般情况下，BOT 方式的投资及其风险应全部或大部分由项目承办并承担（投资人承担），但按照国际惯例，哪一方更有能力控制的风险，就由哪方承担此类风险，若双方都无法控制或不适于任何一方控制的风险，就由双方共同承担。项目建设阶段的风险由外国投资者承担；经营阶段风险由双方共同承担，政治风险由东道国政府承担。投资者还可通过担保和保险关系设立，可由国际投资担保机构和商业保险机构分担一部分投资风险，所以 BOT 投资方式的风险分担具有合理性。

（4）财产的无偿移交。在特许权期限内，投资者通过项目回收投资、偿还贷款并获取收益，以达到投资者为利益而投资的目的，所投资金已经收回，因此合作期结束后 BOT 项目的财产无须进行清算，将基础设施等无偿移交给政府，结束 BOT 投资。

7.2　农民合作社发展中引入 BOT 投资模式的运作机制

将 BOT 投资模式引入农民合作社的发展中，是从项目开发的角度研究农民合作社。这种思维的运用也有利于农民合作社长期的发展，在建立的初期就考虑到产品的市场需求、价格、竞争、销售方面的问题，因为投资者最为关注利润，有较好的获得利润的预期才能吸引更多资金的投入。BOT 项目的目的是建立农业合作社、农业股份制企业、集体农业企业，借此建立农业生产一体化的经营模式，形成生产、销售、服务综合性的农业企业，为最终接管的农民合作社打下良好的基础。

（1）政府设计或者投资者设计项目还可以向社会公开征集项目，经过专家对项目进行技术、经济及法律上的可行性研究，确定哪些项目适合采用 BOT 方式建设并进行立项，向社会公布项目。将这些项目推荐给当地农民和政府，并通过协议租用农民的土地或者购买土地的使用权。以村或乡镇的一定规模的土地作为开发特色农业项目的基地，以满足农业标准化生产的规模要求。

（2）政府应将招标的有关条件及要约条件制作成文件，选择有意参加项目投资的企业、金融机构或者财团，让他们对项目建设经营及贷款等问题提出方案和建议。政府对收集所得到的上述方案和建议等进行综合评价、分析和比较，在此基础上选择那些资金技术实力雄厚，信誉良好，具有承担此类项目工程经验的外商或民营企业及信誉较好的贷款机构合作。

（3）由投资者实施项目的建设，并进行对相关农业生产基础设施的改造，如建立大规模的农业生产基地、农产品加工企业的组建、农产品销售的市场网络等。政府依照与投资者的合同对项目的发展提供一些优惠政策，如税收、担保、产品的特许经营等，确保投资者在特许期间能够得到相应的利润。其次为了确保农民的利益，以及特许经营结束后农民合作社的发展，在合同中要明确指出项目的发展建设主要雇佣当地农民并对其进行培训。这样不但扩大了农民的就业机会也为农民合作社今后的发展培养了后备人才。

（4）在特许经营期结束后，投资者将按照约定将设施转让给特许机构，政府应当及时确定现有资产的产权由出售、入股、无偿转让等方式转交给农民管理，如果由政府出资购买转交应当确定政府的产权并逐步转让给农民。政府同时应组建相应的农民合作社以顺利接管这些资产，并交给农民管理。这里的特许机构除了政府外也可是农民团体。由于农民外出打工增加，很多农地闲置，农民团体也可以将土地授权给农业企业。农业企业以 BOT 模式收编闲置资源建立经济实体，还可以低成本扩张，而且农民最终也会得到所希望的经济实体，从而实现农户、投资者、政府三方的共赢。

就企业而言，一般经过以下几个阶段：（1）从政府确定的项目表中选择项目，对其进行必要的可行性调查，包括商务财务条件、法律政府环境、技术设计的情况的调查论证，并与银团协商取得贷款方承诺。（2）与政府谈判取得特许权后，按项目合同的约定及设计要求投资。（3）这类工程一般都是以“交钥匙”的建设方式来进行。（4）按照与政府签订的合同，在规定的期限内，对已建成的项目进行经营。（5）经营期限届满以后，企业将项目的经营权按合同约定无偿转让给政府。

7.3　引入 BOT 投资模式的必要性与可行性

7.3.1　必要性

（1）缓解政府对农民合作社投资不足的缺口。我国近 2/3 的人口在农村，进行着分散的小农生产，这与农业产业化的进程是不相符合的。发展农民合作社就是将分散农户经营联合起来，以适应市场经济的需要。由于农民合作社的发展需要政府多方面的特别是资金的支持，但财政对农业的支出是有限的，为了弥补政府支持的不足有必要吸引民间和国外的资金来发展我国的农民合作社。政府通过 BOT 方式将基础设施的建设、经营、管理权有条件地让渡给私人投资者，将原来必须由政府承担的费用转由私人企业承担，而将节省下来的资金用于其他项目的投资与开发，从而减轻了国家的财政负担。BOT 投资模式实现农业投资主体、融资方式、投资渠道的多元化，可以迅速得到资金，促进农民合作社的发展，推进农业产业化的进程。

（2）提高政府农业宏观调控的工作效率。农民合作社的发展有利于政府对农业宏观调控，减少政府补贴农业工作成本，加速农业政策的落实。政府将不再直接参与农业生产投资经营，而是运用经济政策、经济杠杆等手段实行间接调控。避免农业投资低效和重复投资的局面，保障农业生产设施规模和结构的均衡发展。

（3）促进农业标准化生产和食品安全。BOT投资模式建立起来的农民合作社具有规模化和标准化的特点。在投资者对项目进行经营期间，为了获取最大的经济利润，必然要扩大规模以降低成本，采用标准化生产方式提高农产品的竞争能力。标准化的农业生产方式有利于生产和食品安全的监控，使农产品的质量更有保障。

（4）贫困人口的发展效应得以在项目前期体现。BOT项目的另一个重要目标是致力于贫困人口发展机会的开发。解决贫困人口发展问题的关键在于提高贫困人口的发展技能，农民合作社采用BOT方式进行农业生产基础设施建设中，要在合同中规定对当地农民的雇佣和培训。这样不仅为当地农民创造就业机会、提高了农民的技能，又为政府增加了财政收入，为当地引进先进的技术和管理经验等。因此，BOT方式是一种契合于农民合作社的先进投资模式，在农业产业化发展中具有广阔的应用前景。

7.3.2 可行性

（1）从资金的需求和供给上看，我国农业生产对资金有着巨大的需求，仅靠政府的财政支出是不能满足的；我国巨额民间资本没有找到合适投资项目，现有的产业还存在过度投资、重复投资的现象，资金回报率不高，回收困难。如果政府能够提供一些优惠的政策，农业投资这个潜在的市场需求将为投资者提供一个新的投资机会。

（2）加快经济市场化进程。农民合作社采用 BOT 建设，实际上是把市场机制较全面地引入农业领域，有利于加快市场化进程，这也是改革开放的重要举措，它会促进在投资和项目建设、经营、管理等方面适应并接轨国际惯例，带动经济发展。在 BOT 投资模式中，政府将允许投资者在一定期限内特许经营，这就意味着投资者可以在一定时间和地域内掌握一定资源的垄断权利并享受一些的政策优惠。所以投资的企业可以用较低的成本短时间内扩大规模，增加企业的经济效益，获得额外的投资利润。

（3）稳定的投资回报。BOT 模式投资回报率存在三种模式：①自负盈亏的投资回报模式，即指完全由项目公司自负盈亏，承担经营后果。②固定比率式投资回报模式，即由项目所在地政府按事先协商确定的投资回报率承担投资回报数额，而不论项目公司的实际经营情况。例如，在菲律宾的 BOT 电厂项目中，政府就保证国家电力公司按高于市场成本电价 15% 的价格购买项目的全部发电量，从而间接地提供投资回报率。③弹性比率式回报模式。即指政府与项目投资者通过谈判确定一个投资回报率的上下限，经营收入超过回报率上限部分归政府所有，低于回报率下限时由政府补，在投资率上下限之间的经营收入归项目公司所有。在三种投资回报率模式中，自负盈亏式的投资回报模式不涉及政府对投资回报率的保证问题，相应地，BOT 投资者的风险最大，同时盈利的可能性也最大。而在其余两种投资回报模式中，政府均对投资回报率提供保证，其中，BOT 投资者在固定比率投资模式中风险最小，相应地盈利也较低。由于 BOT 项目一般负有较大的风险，因此，政府保证的投资回报率应略高于国际上同期贷款和拆借融资的利率。在弹性比率投资回报模式中，BOT 投资者的风险和盈利机会界于“自负盈亏模式”和“固定比率模式”之间，是一种较为稳妥的投资回报模式。为了吸引更多的资金投入农业，政府一般会采取稳定的投资回报模式，增强农业投资的吸引力。

7.4 引进 BOT 模式应注意的问题及对策

7.4.1 涉及农业项目应重视农民的长远利益

在 BOT 项目建设中往往占用大量农村土地资源，引起以土地为本的农民未来生产和出路问题。如何协调两者之间的矛盾和保护农民利益也是必须考虑的重大问题，况且我国实行严格的土地管理制。从《土地管理法》规定来看，BOT 项目需要办理征地手续，且要支付大量的征地费用，这无疑增加了投资者的难度。可见以土地出让、转让或出租的形式来解决土地问题对 BOT 投资方式是行之困难的。允许农民“以土地入股形式代替征用土地”的办法，既减少了投资方土地征用过程中巨大的直接费用支出，又兼顾了农民的长远利益，变“土地丧失者”身份为“股东”地位，应该是一个很好的办法。

7.4.2 解放思想灵活运用引进 BOT 模式

农民合作社发展引进 BOT 模式，与我们目前接触的基础工程的 BOT 模式是不同的，主要体现在资金规模、资金来源、企业性质、产品性质等多方面。实际上 BOT 投资并不存在全球统一的运作模式，BOT 投资除了传统的建设—营运—转交外，还有建设—拥有—经营—转交（BOOT）、建设—租赁—转交（BRT）、设计—建设—经营—维护（DBOM）、修复—经营—拥有（ROO）、转交—经营—转交（TOT）等诸多变种。农民合作社引入 BOT 投资时可根据当地的实际情况，分别选用不同的投资模式，资金的来源不仅着眼于国外，更要关注国内游动的民间资本，以最大限度地发挥 BOT 投资的效用，促进本地农民合作社健康有序的发展。

7.4.3　制订有关 BOT 投资方式的专项立法

我国目前关于 BOT 方式的立法很不健全，尚未形成调整 BOT 项目实证的法律框架，而外资法、合同法、公司法等对 BOT 方式都没有具体规定，有的行规甚至与其相抵触。随着我国基础产业的快速发展，BOT 的立法现状已不能适应实施和推广 BOT 项目需求。因此有必要制订有关 BOT 投资方式的专项立法。BOT 投资关系到国计民生，涉及政府职责和国家的政策取向，并且需要机关的法律环境，确立必要的政府保证制度。特别是我国农业生产发展相对落后，为了促进和保护农业的发展，政府应提供一定程度上的担保和支持措施，要增强投资者的信心，鼓励采用 BOT 方式投资。

7.4.4　确保资产向农民合作社转移

在特许经营期结束以后，投资者将无偿向特许方转移资产，由于农民的组织性差和我国 BOT 模式相关法律的落后性，这些资产能否顺利的无偿转移也是值得重视的问题。所以当地政府应积极地引导农民合作社的成立以接管这些资产，确保农民的利益不受损失。

农民合作社
发展模式
研究

Chapter 8

第8章 农民合作视角下农民工教育模式研究

8.1 引 言

随着我国城镇化、工业化、农业现代化的不断推进、户籍制度改革深化，越来越多的农村剩余劳动力从农业向非农业生产转移，2015年我国全国农民工总量27747万人，比上年增长1.3%。其中，外出农民工16884万人，增长0.4%；本地农民工10863万人，增长2.7%。全国农民工人均月收入3072元，比上年增长7.2%（葛道凯，2016）。截至2014年，高中及以上学历农民工占23.8%，大专及以上学历农民工仅占7.3%，接受过技能培训的农民工仅占34.8%。农村劳动力向城市的转移为城市经济发展起到了巨大的推动作用，特别为劳动密集型产业做出了巨大贡献。但随着我国制造业的转型、升级和劳动力成本逐渐上升，技术性失业成为农民工劳动力市场的主要问题，很多农民工缺乏必要的技能培训无法满足制造业从劳动密集型向资本、技术密集型转型的要求，无法充分就业。根据《中国制造2025》目标："制造业数字化、网络化、智能化、环保化将成为我国制造业的特点"。制造业升级对从业者的知识结构、能力要求有了较大的提升，而我国农民工接受技能培训比例仅有1/3左右，学历教育的比例更低。如何推进农村劳动力继续向城市转移、稳定农民工就业率是我国急需解决的问题。提高农民工人力资本存量、提高农民工职业教育的比例是解决技术性失业的有效手段。为此未来5年国家将资助150万名农民工接受学历继续教育，2002年至今，我国政府出台多个推进农民工教育的政策，2003年国务院发出关于做好《农民进城务工就业管理和服务工作的通知（国办发1号）》《2003—2010年全国农民工培训规划》，随后的"阳光工程""雨露计划"等，2016年中央"一号文件"再次强调"推进农村劳动力转移就业创业和农民工市民化，实施新生代农民工职业技能提升计划，开展农村贫困家庭子女、未升学初高中毕业生、农民工、退役军人免费接受职业培训行动。”在政府大力推动下，我国农民工教育工作取得了巨大的进展，更多的农民工通过政府培训项目提升个人技能获得就业机会。但是在我国农民工教育中依然存在诸多问题如政府培训项目效率不高、内容针对性不强、规模小、经费不足、监管不到位，企业参与不积极，农民工积极性不高，培训机构不规范，套用国家培训经费，组织化程度低，农民工教育体系不完善等。农民工教育问题具有重要的战略意义影响到我国经济转型与创新发展，关系到我国“三农”、城镇化、制造业升级等问题，因此本书以农民工教育为核心，以农民工为主体，从农民合作视角深入研究，构建农民工合作教育模式，完善我国农民工教育体系，推进现有农民工教育工作中的问题解决。

8.2 文献综述

国内外学者对农民工教育问题进行了深入的研究，在农民工教育的政策、必要性、问题、模式、效果、需求、类型、投入等方面取得丰硕的研究成果，完善了农民工教育理论，并对农民工教育的实践起到了积极推动的作用，对今后的研究具有重要借鉴意义。经过前人文献的梳理，现有的研究成果可分为以下几个方向。

第一，政府在农民工教育中的作用。

农民工教育具有一定的正外部性，作为准公共物品，政府推动是农民工教育的主要动力。Marion Pines（1978）认为政府教育应达到四个目的：减少福利依赖为自给自足；帮助人们获得技能；对青年劳动力、下岗工人进行再培训；工人和工作的协调机构，并通过试错和反馈过程，动态调整政府部门职业培训系统的绩效指标和标准（Pascal Courty and Gerald Marschk，2007）。韩俊等（2010）认为政府要以扶持优惠合理化、招生工作社会化、学籍管理标准化、机构运行规范化、培训能力现代化和牵头协调有力化为重点，全面加强和改善农民工培训工作，将其纳入国民经济和社会发展长远规划，调动各利益相关者的积极性，有针对性地提供培训产品（孙金锋，2012）。梁栩凌（2014）认为，解决现有问题应从政府角色的定位纠偏入手，用政府购买公共服务解决农民工培训问题（高洪贵，2014）。在政府工作理念上，张浩（2014）认为要基于社会平等的理念下从根源上解决农民工教育政策低效率的问题，尊重农民发展权，实施“补偿教育”，保障农民工享有机会平等的权利（戴烽，2009）。韩娟（2016）认为，农民工异地就业培训要借助于科学动态确定目标人群、借鉴社会保险权益区域间转移策略，合理选择政府干预政策工具。

第二，农民工对教育需求。

Blundell 等（1996）熟练工和教育背景更好的员二更愿意接受培训，年纪更大的员工培训意愿较低（Gelderblom and de Koning, 2003），兼职员工和临时工不愿意接受培训（Arulampalam and Booth, 1998），除了年龄、合同期，公司规模外，参与度或工作安排、以及绩效奖励对培训需求有较大影响（O'Connell and Byrne, 2012）。Andrews 和 Bradley（1997）认为，毕业生和青年劳动力市场对培训的需求受到个人、学校、市场变量影响。张秋林（2008）和夏怡然（2015）认为，农民工培训需求受年龄、性别、婚姻、受教育程度、收入水平、行业和所有制、进城就业年限、政府补贴、劳动合同和培训价格、类型、形式、效果等多种因素的影响，农民工在主观上有一定的教育培训需求，但目前的需求与供给不协调（许东风，2012）。戴建兵（2012）认为，农民工教育需求分为个人需求、社区需求和国家需求，或劳动力转移培训需求与返乡创业培训需求两类（潘寄青，2009）。凌子山（2014）结合马斯洛的需求层次理论，对农民工职业培训的需求进行归类分析，构建出农民工职业生命周期的静态职业培训需求模型和动态职业培训需求分布模型。

第三，农民工教育对收入的影响。

教育对收入有着明显提升作用，Kim 和 Shin（2003），孟宪生（2011），Haelermans 和 Borghans（2012）认为，就业培训有助于提高农民工在就业市场的竞争力，并提高工资收入，但过度的职业教育和技能不匹配会造成资源的浪费（Marco Pecoraro，2014）和隐形失业（董延芳，2012）。Maite 和 Wiemer（2009）分析了欧洲的数据，说明在职培训和通识教育有效地减少了低薪的概率。但是在回报率方面，学者们计算出不同的教育方式的效果存在显著差异，王德文等（2010）认为，工资收入者比自我经营者的教育回报率高出 2%，短期培训和正规培训则对其工资收入有着重要的决定作用。任远（2010）认为，月收入在 1000 元以下的农民工的教育回报率约为 3.2%，1000～2000 元之间的农民工的教育回报率约为 4.3%，2000 元以上的农民工的教育回报率为 9.2%。党曦（2015）认为，参与技能培训总体上能使农民工收入提高 7.15%。张世伟（2013）认为，农民工接受职前培训和在职培训将导致其收入分别提高 18.38% 和 9.45%，既接受职前培训又接受在职培训将导致其收入提高 20.24%。刘万霞（2011）认为，我国农民工的教育收益率仅为 1.39%，中等职业教育程度的农民工教育收益率最高。魏万青（2015）认为，中等职业教育的收入回报率低于平均教育回报率，新生代农民工教育与工作匹配时的教育收益率高于其实际教育收益率（王广慧，2014）。周世军（2016）认为，教育依然是影响农民工工资收入的主要因素，但职业培训对于收入提高的作用并不显著。王春超（2014）认为，教育投入动力不足将不利于农民工人力资本的积累，容易回到多维贫困。

第四，新生代农民工特征与教育。

胡跃茜（2012）、夏扉（2013）认为，新生代农民工已经成为中国农民工的主体，当代中国产业工人的重要组成部分，在思想观念和行为方式上都与第一代农民工产生了一定程度上的差异（黄兆信，2012），具有文化程度相对提高（陈钰，2012），跳槽率高（钟甫宁，2014），承受社会风险的能力最弱（高洪贵，2013），较高培训意愿（刘会贵，2011）等特点。需要通过扩大公共文化教育资源覆盖范围，降低新生代农民工被排斥感，合理配置教育资源（徐丽晓，2014），促进新生代农民工创业教育（李远煦，2011）、人文关怀（杨丽君，2014）、法制教育（范少虹，2012），缓解其心理压力（曹杨，2014）。

第五，农民工教育模式。

王竹林（2013）认为，农民工培训模式可归纳为政府主导型、企业主体型和市场依托型，现有农民工培训模式存在着政府的公共服务职能不到位、培训评价体系不完善、返乡农民工参与率偏低、企业缺乏积极性和培训机构提供的培训内容不符合社会需要等主要问题（牛刚，2010），新一轮培训必须在培训主体、培训重心、培训模式、培训机制等方面有新的共识和实践创新（黄陵东，2010），例如，校企合作农民工职业培训模式（秦小菲，2012），企、校与农民工三方对接新模式（张文秀，2014），职业培训的网络模式（康红梅，2011），社区模式（龚长宇，2007）。农民工教育应由以输出地区为主转为以输入地区为主（杨兆山，2007），基地化的农民工职业技能培训模式（项继发，2009），借鉴“富平模式”经验（李湘萍，2005），开发政—校—企培训模式（刘才，2013），地方高校模式（韩余，2012），订单模式（朱冬梅，2014）。

第六，国外经验的借鉴。

国外产业工人教育经验值得我国借鉴，如德国“双元制”（王秀丽，2015），美国人力发展培训计划（寿钰婷，2007），新西兰农民工教育培训准入制度（许东风，2011），韩国、日本两国完备的农民教育培训体系等（韩新宝，2011）。通过国家立法和企业的参与，建立行业专项基金；政府制定相关政策鼓励、诱导企业和农民参与培训（赵晓霞，2009）。政府提供充分的法律保障，多元化的教育培训形式，广泛的教育培训资金来源，以及丰富的培训内容（王春林，

2011)，突出实践教学，完善以能力培养为核心（范安平，2009），完善我国农民工医疗、养老、失业等社会保障制度，推进非政府机构经营管理（刘芳，2007），构建完善的农民工培训体系。

简要评述：总结现有农民工教育的成果，学者们从多个角度对农民工教育的内涵、意义、模式、类型、需求、作用、回报率、政府职能、心理等视角进行分析，构建多种数学模型和评价指标，取得具有理论和实践价值的研究成果，并针对我国现有的农民工教育工作中的问题提出了建设性的意见。但是现有的研究中对农民工教育的组织化程度研究不够深入，农民工教育个体化、零散状态导致的现有培训机构效率较低的问题没有完全解决；研究视角大多把农民工放到被动接受教育的地位，对农民工主动接受教育激励措施研究还存在不足；此外，农民工教育体系构建的研究还不完善，多个主体、多个部门、行政区域分割、教育机构庞杂、缺乏系统化构建和梳理，主体间的协调机制还有待于进一步完善。现有文献也缺少从农民合作视角对农民工教育进行分析。农民合作社具有天然的组织和教育功能，这个功能还没有受到足够的重视，因此课题组拟从农民合作的视角，构建以农民工教育合作社为载体的农民工合作教育模式，系统梳理、完善农民工教育体系，整合相关主体教育资源，推进农民工教育工作中存在问题的解决，促进农村剩余劳动力向城市转移，实现“农民—农民工—市民”的顺利转化。

8.3 农民工合作教育模式的机理分析

8.3.1 现有农民工教育中存在问题

(1) 培训资金投入不足。

2014 年，全国就业专项资金用于农民工培训的补贴共 36.4 亿元，人均补贴为340元，2014年全国农民工总量达到27395万人，比上年增加501万人，其中，外出农民工16821万人，全年各类职业培训中农民工培训1069万人次。虽然培训人数和投入都有所增加，但是相对于我国农民工总量来说，比例还是相对较低，无法满足日益增加农民工数量和培训的整体需求。对个体农民工来说，参与教育需要投入时间、吃、住、行和相应的机会成本，如果看不到较好的培训预期即使免费的政府培训项目农民工参与的积极性还是不高，所以不断加大政府对农民工教育投入是解决技术性失业的有效措施，“预计到2020年，使新生代农民工都能得到一次由政府补贴的就业技能培训，人均补贴800元钱，基本消除新成长劳动力无技能上岗的现象”。

（2）多部门主导，行政区划分割，缺乏合力。

现有农民工教育工作由农业、教育、科技、扶贫、人社、共青团、妇联等多个部门负责，如人力资源社会保障部负责的“春潮行动”、农业部负责的“阳光工程”、科技部负责的“星火计划”、扶贫办负责的“雨露计划”等培训，各部门有自己的行政体系和培训规划，但是缺乏相应的协同机制，对相同的区域、对象可能提供类似的培训项目造成资源的浪费，缺乏资源整合，无法形成规模效应。现有的农民工教育体系中有农村基础教育、职业教育、成人教育、社会培训机构等，这些教育机构相互独立，整体投入不足，无法有效满足农民工需求。在输入地和输出地的农民工教育投入不能有效对接，各个行政区域更愿意将教育资源投入本地户口的农民工，防止公共教育资源的外溢，导致输入地与输出地农民工教育信息和体制的脱节，增加了农民工教育和就业成本。

（3）忽视农民工需求，教育与就业相脱节。

现有农民工教育工作中政府部门更重视教育的规模、职业资格的认证，对就业问题重视不足，对教育内容缺乏考核和评估，导致教育与就业对接不够紧密，教育结束以后就业成为农民工个人行为，忽视了农民工教育的目的是提高农民工人力资本积累，提高就业率和工资收入，最终推进农民工向市民的转化，所以不以有效就业为导向的农民工教育是低效的。从农民工的角度，多数被访问的农民工认为职业教育是非常必要的，但这种需求仅仅是意愿没有转化为有效需求，部分原因是参与教育需要付出相应的成本，更重要的原因是很多农民工认为现有的教育内容无法有效促进就业或工资水平提高，不适合自己的需求，如法律、管理、文化等内容培训相对缺乏，特别对新生代农民工来说传统的培训项目偏重于体力劳动、教育方式老化，没有针对性缺乏吸引力，他们更喜欢偏重于技能型培训项目和个人综合能力的提升，这也符合我国制造业的转型和升级趋势。

（4）企业对农民工教育积极性不高。

对企业来说，农民工的职业教育需要投入较高的成本而且面临一定的道德风险，首先农民工的学历和专业技能相对较低，企业的培训需要投入大量资金并且具有一定周期；其次农民工跳槽率比较高，出于利润最大化的考虑，企业没有外界较强刺激的情况下不愿意对农民工进行就业教育。虽然政策规定企业要参与农民工培训，但是在实施中缺乏可以操作的引导和激励措施。

（5）考核机制不完善，教育质量良莠不齐。

我国农民工教育体系庞杂，涉及多个政府部门、企业、培训机构等多个主体，各个主体具有各自的目标驱动，农民工教育体系不完善，缺乏考核机制。在农民工教育工作中，政府具有计划、实施、资源分配多重角色，为了促进农村剩余劳动力快速转移，中央在推动农民工教育工作中注重量的提升，对地方政府有数量的规定，而数量与上级政府财政拨款额度密切相关，过于量化的指标导致农民工教育工作执行的低效和僵化，甚至出现追求政绩、凑数、冒充的现象。企业为了获得廉价劳动力提升自我利润，不积极参与对农民工教育。农民工出于成本、预期收入原因，意愿高但是参与度低。培训机构的主要目的是从农民工教育中获得利润，但农民工教育人均补贴水平较低，加上自身师资、场地等软硬件原因为了节约成本提高利润，农民工教育机构有强烈的倾向降低教育成本和质量。在现有农民工教育考核机制不完善的情况下，相关主体缺乏必要监督和考核，最终导致培训机构教育质量良莠不齐，农民工也对现有教育服务信任度低、满意度低、参与度低。

（6）农民工教育组织化程度低。

从我国农民工流动和教育现状看，农民工呈现个体化、零散流动特征，农民工教育机构部门分割，缺乏合力，整体组织化程度较低，难以实现投入和产出规模效益。强大的工会组织、强制性行业协会以及自愿性同业雇主协会之间所达成的体系是一个特别重要的稳定机制，完善的农民工教育组织体系能有效整合政府、企业、行业、社会资源，按照社会发展、城镇化、工业化需求，逐步引导农民工接受继续教育实现农民工向市民的转化。农民工教育问题是“农民—农民工—市民”转化中的关键问题，需要不断进行组织制度创新，满足农民工教育发展的需要。我国农民工教育还缺少系统化的职业培训组织，目前农民工工会人数不断增加，但在农民工教育推动中作用还非常有限；现有的农民工教育组织主要有企业主导型、政府主导型、农民工自主型、民间公益组织型以及“政府+企业”合作型，组织方式较为单一，非营利组织的比重偏低，也缺乏不同主体之间的合作，组织运行效率和农民满意度有待于改进。因此，提高农民工教育组织化程度是急需解决的问题。

8.3.2　农民工劳务合作教育模式机理

教育是农民合作社基本功能，发达国家农民合作社发展初期就非常重视成员教育问题，成立相应农民合作社学校甚至后来的合作社大学，对成员进行农民合作理论的培训和农业生产、就业等方面的教育。合作社教育具有重要的作用：第一，从思想上让农民理解合作的真正意义，积极主动参与合作社经营和管理降低成员道德风险；第二，为农民合作社未来发展提供储备人才，提高农民受教育水平和人力资本积累；第三，培养职业农民，奠定现代农业发展基础；第四，促进农村剩余劳动力向城市转移，合作社教育内容有很多非农业课程，帮助农民向市民转化，解决心理、知识、技能、能力方面的问题，让农民尽快融入城市生活。

“活难找，钱难要，无保障”是农民工就业的主要问题，这些问题的原因之一就是农民工个体性，个体性是农村剩余劳动力转移的主要特征，导致了农民工组织化程度较低，农民工就业渠道充分体现个体性，如熟人关系、包工头、同乡会、职业中介、非正规广告、自发就业集散地等。个体性对农民工教育工作来说增加政府、企业、培训机构的交易成本，面对这数量众多、流动性强、个体文化差异较大的农民工群体，有效实现信息传递、把握农民工需求、集中教育都需要较高交易成本，因此提高农民工组织化程度有利于增强教育针对性、降低信息收集成本、农民工教育的不确定性。

农民工教育合作社内涵：教育合作是合作社的类型之一，以农民工个体劳动力为单位以合作原则将农民工组织起来实现劳动力的联合，提供就业、职业教育、法律、心理咨询等服务的组织，其主要目的是提高农民工就业率、农民工收入，帮助农民工融入城市，是连接农村劳动力与城市市民的“桥梁”。农民工教育合作社是农民自己的组织，农民工具有所有者、使用者、受益者、管理者身份，按照“一人一票”民主管理的方式，以合作社原则作为基本制度。农民工教育合作社将农民工组织起来，在政府支持下开展农民工的教育工作，并成为农民工教育工作中各个主体之间的“桥梁”和农民工教育的主要载体，提高农民工组织化程度实现农民工教育有效性。现有的农民工教育工作中涉及多个政府部门、行政区域、社会、企业等主体，这些主体间缺乏必要的协同机制，利用各自的行政体系推进农民工教育发展，这个过程容易产生重复投入、低效、交易成本高、组织机构庞大等问题。基于农民工教育合作社的农民工合作教育模式将整合农民工培训的相关资源，以提高就业率、工资水平、农民工市民化为目标，以合作社为载体，在政府、社会、企业的支持下构建农民工教育体系，构建农民工教育的顶层设计和政府部门的协同机制，按照产业发展需求与区域功能定位，尊重农民工需求制订农民工教育的发展规划，搭建农民工输出地和输入地沟通渠道，通过农民工教育合作社的全国网络，推进实现农民工教育、就业、转移、市民化，如图 8－1 所示。

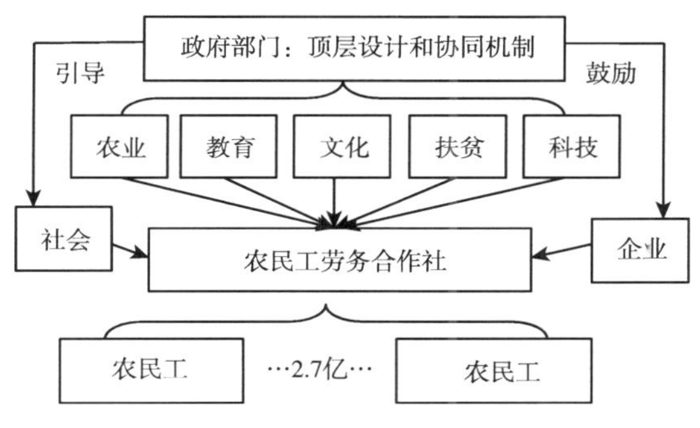

图 8－1 农民工合作教育模式机理

8.4 农民工教育合作模式构建

8.4.1 模式构建

农民工合作教育模式构建如图 8－2 所示，以农民工为主体，农民工教育合作社为载体，整合多个政府部门、社会、企业的农民工教育资源，以推进农民工教育、促进就业、工资水平、农民工市民化为目标的，是自主经营独立盈亏的农民工教育组织体系。对农民工成员是非营利性的，农民工通过注册和缴纳会费获得成员资格享受合作社教育、就业、咨询等服务，并获得农民工教育合作社经营利润的年底分红。合作社组织构架主要分为三个部分：第一，输出地的免费基础教育阶段；第二，输入地的收费职业教育阶段；第三，农民工教育合作社总社，由政府代表、专家、企业代表、农民工构成，对各属地农民工教育合作社指导、咨询、监督，不直接干涉管理。输入地与输出地的有效对接将帮助农民工进行有效的职业规划，按照输入地经济产业结构与要求对农民工进行教育。经过农民工教育合作社培训的成员将会得到农民工教育合作社提供的职业技能认证，详细说明成员受教育课程和成绩，具备的劳动技能和诚信评估，并推荐就业。

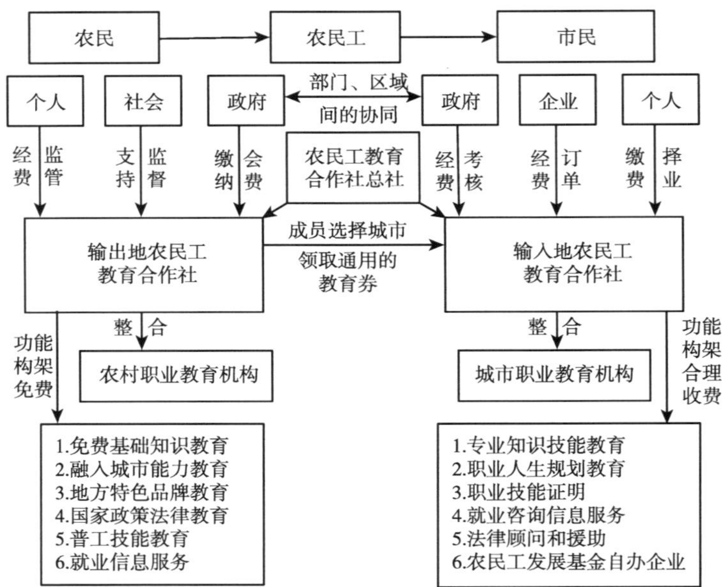

图 8－2　农民工教育合作模式构建

（1）顶层设计。

农民工教育问题影响到国家的战略发展，对促进农村剩余劳动力转移、农业现代化、制造业、服务业的转型升级、城镇化建设、教育体系的改革等方面都有着重要的影响，因此农民工教育合作模式构建和发展需要政府的顶层设计。顶层设计内容包括农民工教育合作社发展的整体规划和全国布局，政府不同部门间农民工教育资源的整合、协同、资源分配，输入地和输出地政府间协调机制，农民工教育、就业的法制保障，农民工市民化的制度支持等。顶层设计是国家对农民工教育战略指导和支持，为基层农民工教育工作推动指明方向、提供动力和保障，是农民工教育合作模式的基础，通过顶层设计明确各部门、各地区、企业、社区对农民工教育投入、责任、义务，开拓多元化农民工教育的投资渠道和融资模式，为农民工受教育权和发展权提供法律的保障。

（2）生源。

农民工教育合作社生源主要是我国日益增长的农村剩余劳动力以及在城市中生长的新生代农民工。目前输入地和输出地的农民工教育投入存在分歧，地方政府更倾向于将教育资源分配具有本地户口的农民工，所以一定程度上产生了输入地和输出地农民工教育的差异和对接问题。输入地经济发展较好，有大量外地农民工涌入；输出地经济发展相对落后，拥有大量剩余劳动力，在农民工教育合作社组织构架中，要充分考虑到输入地经济发展的特点和对农民工发展的需求。在输出地构建基层农民工教育合作社主要负责初高中毕业以后就参与工作的农村剩余劳动力，对其进行免费基础知识教育，包括城市生活方式、普通工种技能、基本生存技能、农业生产知识、地方品牌特色的农民工技能、基本法律知识、政策和社会主义文化思想、人生规划等，为这些农民工未来融入城市生活奠定基础。输入地农民工教育合作社针对本地产业结构、经济发展需要设定教育内容，如专业技能知识、订单培训、职业认证等，农民工通过课程培训达到企业要求成为正式员工后，视为培训结束。输出地成员经过免费的基础知识教育阶段培训后，可以凭借会员资格获得全国通用的培训券到自己理想的输入地进行职业知识教育，选择合适企业、职业和培训课程，享受教育、就业一体化服务。农民合作社可根据需要设置网络课程、假期课程、夜校课程、集中课程等形式按照农民工和企业的需求提供免费或适当收费的教育服务。

（3）经费。

农民工教育合作社经费来源于政府部门的财政拨款，政府购买的农民工教育服务、社会捐赠、农民工会费、企业会费和经费支持、合作社经营项目的收益等，其中政府拨款和服务购买是初期主要的经费来源。农民工教育分为两个阶段，免费的基础知识教育和收费的职业知识教育，在输出地的农民工教育以免费教育为主，侧重综合能力和城市生活基本知识教育，结束以后农民工能够找到简单工作并满足在城市生活的生存能力，帮助农民工融入城市，经费由政府拨款、企业、社会捐赠、农民工会费为主；输入地的农民工教育是职业知识教育，教育的目标就是就业、提高工资水平，职业知识教育收益最大的农民工本人、企业，所以输入地职业教育经费由农民工本人、企业、政府共同承担。

此外，为实现农民教育合作社可持续发展，农民工教育合作社可以凭借庞大的会员基础开展职业介绍、劳务输出、资格认定、消费合作、承揽工程、投资实业等和农民工教育密切相关的企业，一方面获得经营收入维持农民工教育合作社独立自主的可持续发展；另一方面教育和实践相结合满足农民工实践教育需求，为农民工创造就业岗位、提供实践机会。

（4）教育机构。

目前我国农民工教育机构庞杂良莠不齐，职业教育院校、社会职业培训机构、综合性教育机构、社区教育、成人教育学校等机构是农民工教育市场主要供给方，其中大部分农民工教育机构是以盈利为目的，追求利润最大化，只求完成教育任务和课程，忽视教育效果，忽视农民工和市场需求，教育与就业相脱节，教学方式和内容与企业需求脱节，缺乏监管和科学考核指标，农民工教育整体效果还有待于进一步提高。农民工教育合作社发展初期出于成本考虑，无须投入资金新办自有教育机构，可根据需要整合这些农民工教育资源，通过合作、合并、购买、租赁等方式建立农民工教育合作社自有的教育体系，通过征询专家、行业、企业、农民工意见，科学制订教育规划和教学内容，统一公开招聘合格师资，提升农民工教育的效果。输出地教育方式可以灵活多样，时间在一年至两年，采用分散、集中、网络、夜校等多种教育方式，提高农民工综合能力和适应性为目标；输入地教育方式主要是根据企业需要的集中订单教育方式，并辅以网络、夜校等教育方式。

（5）就业。

现有农民工教育存在着教育与就业相脱节的问题。农民工教育的目的就是提高就业、增加收入，现有农民工教育课程结束以后农民工依然面临着找工作的问题，而且不以就业为导向的教育也难以满足企业需求。因此，就业和教育应该是紧密结合，农民工教育合作社输出地基础教育后，农民工将达到普工标准，能够在城市顺利找到一般就业机会；而输入地职业教育则和企业紧密联合，按照企业要求订单式培训农民工，农民工完成教育课程以后直接进入企业进行实习期工作，成为正式员工以后教育工作方可视为结束。输入地的农民工教育合作社开展的课程都是按照会员企业的人力资源规划开设的，农民工达到企业要求即可就业，课程、师资、成本主要由企业和合作社协商制定，将企业的入职、岗位培训直接纳入合作社培训体系中。就业与教育的结合降低农民工教育的信息成本、培训成本和培训后的不确定性，如果农民工培训以后不选择企业就业发生道德风险，则需要支付相应的违约费用，并降低个人信用记录等级。

就业服务是农民工教育合作社的主要功能，特别是输入地农民工教育合作社将为农民工提供就业咨询、职业规划、职业培训等服务，实现教育就业一体化，结束基础知识阶段教育的农民工可以根据需要到输入地进行就业，按照兴趣选择职业，并进行更专业的职业教育。农民工教育合作社根据需要成立相应的农产品加工销售、制造业、服务业公司为成员提供就业岗位或临时岗位，帮助农民工度过初到城市工作的适应期。

（6）考核。

缺乏科学考核是现有农民工教育工作的重要问题，考核的缺失造成教育机构为教育而教育，忽视农民工教育的目标导致教育效果较低，这也与政府在农民工教育中角色的混淆有关，政府在农民工教育工作中需要制订政策、支付成本、实施监管、及时考核，而不是承担具体的农民工教学工作，作为政策制定者、资源分配者、监管者，政府需要对农民工教育宏观指导，推进农民工教育合作社发展制订相关的支持政策、法律依据、考核规定，考核可以委托第三方从就业率、工资水平，就业单位满意度、成员满意度四个方面进行。

8.4.2 功能

（1）教育功能。

教育功能是农民工教育合作社的基本功能，由输出地的基础知识教育和输入地的职业知识教育两个部分，输出地属于免费教育满足农民工到城市生活的基本能力，通过基础教育获得一项普工技能，了解城市生活必备知识，具有一定人际交往能力和信息收集能力，了解国家基本政策和相关法律知识，顺利能在城市中找到合适的技能性不高的工作，属于马斯洛需求层次理论的中低需求的基础教育。输入地属于技能提高和收入提高教育，通过培训企业、农民工都能得到较好教育回报率，所以农民工也需要支付一定的培训费用，政府、企业分摊大部分费用，输入地教育与就业紧密联系属于订单式教育。输入地教育除了专业技能教育外，还有管理知识、心理、文化、创业、法律等方面的提高农民职业技能和职业发展教育课程，属于马斯洛需求层次理论中较高层次的教育水平。

（2）就业功能。

农民工教育合作社目的就是帮助农民工就业、提高工资水平、促进农民工市民化，就业是合作社主要功能和考核指标，输出地教育满足农民工普通就业需求，输入地教育则侧重技能和工资水平的提高，并帮助农民工顺利融入城市。农民工教育合作社与行会、企业协同合作，根据市场需求制订培训计划，将培训的员工直接送到企业进行实践课程，试用期结束以后通过考核的农民工将成为正式员工。此外，农民工教育合作社将承担起职业介绍所的功能，为免费农民工提供就业信息和渠道，帮助农民工快速找到工作。农民工教亨合作社下属的企业也将为初到城市的农民工或者临时失业农民工提供就业机会，就业与教育的有机结合才能更好推动农民工教育工作开展。

（3）法律援助功能。

个体性问题导致农民工在劳动力市场上处于劣势地位，从合同的签订到工资支付，农民工总是处于被动的局面。农民工教育合作社是农民工自己的组织，聘请专业律师为农民工提供法律援助，从就业信息、合同签订、工资支付、辞职等全方位提供专业法制支持，让农民工再就业方面得到合作社的支持和保护，最大限度地降低农民工就业风险。

（4）职业认证。

经过农民工教育合作社培训的成员，将会获得由农民二教育合作社颁发职业资格认证，并详细说明成员进行的培训内容和所具备的技能，并对成员进行就业推荐。农民工教育合作社可以与现有农民工职业认证系统进行合作，实现教育、认证、推荐、就业的一体化。

（5）心理咨询。

从前人研究和课题组调研中我们发现，很多农民工存在心理落差，特别是新生代农民工由于户籍、就业、文化、福利等社会性排斥问题给农民工带来一定的心理压力，农民工市民化并不仅仅是户籍、经济问题，还有心理问题，如城市归属感、组织依赖感，很多农民工缺乏城市认同感，认为自己仅仅是个过客，因此，除了推进农民工市民化的法制建设外，提供农民工心理咨询和教育服务有利于农民工向市民转化。

（6）创业功能。

“大众创业、万众创新”是推动社会进步、经济发展旳动力，农民工里也具有众多的创业型人才，为满足具有创业激情的农民工需求，农民工教育合作社可以设立创业基金、平台和创业咨询服务，一方面为农民工提供机会，推动农民工创业；另一方面为其他农民工提供更多的就业机会。

（7）企业和成员的诚信评估。

为降低农民工教育中诚信和道德风险，农民工教育合作社将为企业和农民工成员提供诚信评估，对于接受合作社教育后违约的成员、恶意解雇成员的企业、拖欠农民工工资的企业进行诚信度评估，将结果记录到成员和企业信息资料中，作为其他企业、农民工就业的参考，这在一定程度上促进企业、农民工信用体系建设，也是农民工市民化的参考依据。

8.4.3 特征

（1）整合多元化主体资源。

农民工合作教育模式整合多元化主体农民工教育资源如多个政府部门、社会、行业、企业、农民工等实现农民工教育科学规划、区域统筹、部门协同，教育投入和产出效益规模化，有效降低农民工教育主体间的交易成本，通过政府顶层设计科学分配各区域、各部门、各主体对农民工教育承担的成本、收益和责任，提高农民工教育工作的效率。规范现有庞杂凌乱的农民工教育机构，构建以农民工教育合作社为主体的农民工教育体系，以就业为导向，企业、农民工满意度、收入为指标，农民工市民化为指导思想，形成统一的农民工教育系统，明确政府角色定位，有效实施支持、监管，激励农民工教育资源的多元化投入。

（2）具有一定的公益性。

农民工教育是准公共物品具有较好正外部性，是现代农业发展需要、制造业服务业转型升级需要、国民整体教育水平提高的需要。因此，农民工教育具有一定的公益性，可以与慈善机构、NGO等社会组织联合实施，特别在输出地的免费基础知识教育环节，充分体现公益性的特点，但是输入地教育环节职业教育具有较高的个人收益，所以农民工适当负担一部分成本也是合理的。

（3）管理民主性。

按照合作原则组建农民工合作教育模式，农民工是合作社的主人，拥有使用者、所有者、受益者等多重身份，通过“一人一票”等民主管理方式来管理合作社，通过选举监事会对管理层进行监督，监事会、管理层中农民工需要占有一定的比例，并有政府、专家、企业等主体代表共同参与，定期对农民工教育合作社进行考核、审计，保证组织的公平、民主，推进组织目标实现。

（4）独立经营、可持续发展。

尽管农民工教育合作社需要国家的财政支持和社会资源帮助，但是农民工教育合作社可持续发展还是需要基于独立经营、自负盈亏。所以农民工教育合作社的经费需要分为以下几个部分：合作社运营成本；全国通用教育券发放；农民工发展基金；基于创业、培训、就业目的自办的企业。农民工教育合作社具有巨大成员数量，这是维持组织可持续发展的基础和有效途径，除了会费、培训费外，还可以依托成员开展消费合作、金融合作、住房合作等通过统购、统销的方式降低购买价格、获得利润分成，相对于完全依靠政府财政拨款的农民工教育机构，农民工教育合作社具有稳定发展、逐步扩大的趋势。

8.5　农民工教育合作模式发展建议

（1）加大农民工教育的引导性投入。

尽管政府在农民工教育投入不断增加，但是相对规模庞大、日益增加的农民工整体数量来说，人均投入还是相对较小不能有效满足农民工和市场对技术型劳动力需求的增加，所以农民工教育需要加大引导性投入力度，发挥政府投入的乘数作用，引导民营资本流入，强化农民工职业教育高回报率，达成农民工、企业、社会共识和共赢。如在输入地的职业知识教育按照企业对劳动力要求，设置相关的培训课程，对参与的农民工和企业进行补贴，当农民工顺利完成教育课程后就可以获得稳定的工作或收入水平的提高，以榜样的形式带动更多农民工参与适当收费的教育课程。目前虽然政府要求企业培训农民工但是实际效果不好，执行力度不高，缺乏具体支持政策和措施，通过引导性投入和补贴，让企业看到农民工教育的未来收益，支持企业参与农民工教育合作社，并签订订单教育协议，并采用税收优惠方式鼓励企业成为会员，构建合作社与企业长期合作的教育模式。

（2）逐步构建农民工教育合作社体系。

我国现有农民工教育体系缺乏系统化、规范化运作，没有全国性、系统性的农民工教育载体来承担农民工教育任务。农民工教育合作社分为三个层级，全国合作总社、输入地合作社、输出地合作社，总社对全国合作社进行指导和评估不直接参与管理和运营，输入地和输出地合作社各自独立平行对接，没有隶属关系，农民工自行选择培训地点消费教育券。农民工教育合作社以县级行政区划为基础成立输出地农民工初级教育合作社，并在输入地城市成立农民工高级教育合作社，实现输入地和输出地有效的对接，对成员发放全国通用的教育券，实现农民工教育资源全国性分配和流通，这对不同地区农民工教育合作社来说也产生一定程度的竞争，通过适度竞争可以提高农民工教育质量。各省级部门按照预算承担相应比例，统一直接拨付到各地农民工教育合作社账户，并由政府审计部门监督，通过获得的成员教育券数量、考核结果分配给不同地区的农民工教育合作社。

（3）通过顶层设计推进资源整合。

农民工教育资源整合是自上而下的，“自上”包括各个行政部门的农民工教育的预算、各省级区划农民工预算，按照农民工流动数量计算各部门承担相应的比例，“而下”包括各种农民工教育机构整合，通过农民工教育合作社收购、合作、合并的方式将农民工教育合作社打造为农民工教育的主体，其他教育机构为辅的农民工教育机构体系。农民工通过合作社提高组织化程度，降低个体性特征，以合作社作为劳动力输出的主要途径，有组织、有计划地与输入地合作社沟通确定教育规模和劳动力整体数量，实现农民劳动力有序的转移，通过对合作社成员更好的服务、保障、预期收入等方面吸引非成员的加入。

（4）农民工教育合作社管理的职业化。

虽然农民工是合作社所有者，但是从目前农民工的整体情况看，农民工教育合作社的管理层需要聘用职业经理人去管理，以保证合作社整体可持续发展，并逐渐从经过合作社教育农民工中选拔具有管理能力、合作企业家思维的人才补充到管理层中。为了确保农民工教育合作社的合作性、民主性，监事会和管理层中需要有 1/3 以上的农民工作为成员，并由政府代表、专家等构成监事会的主体，管理层对监事会负责，监事会对成员代表大会负责，成员享有质疑和监督权力，并有专业律师为成员提供法律服务。

（5）构建科学考核机制。

现有农民工教育工作中缺乏科学考核和竞争机制，为了改变为盈利而教育，为教育而教育，侧重完成教学任务、培训人数的考核方式，政府作为农民工教育工作的政策制定者、资源分配者、监管者，需要制订科学考核机制，通过第三方考核各地农民工教育合作社运行效果，主要的考核指标包含农民工测评成绩、农民工培训后就业率、农民工满意度、企业满意度、企业教育投入率、农民工就业后失业率等，以就业、收入、农民工市民化程度为主要考核目标的考核机制。

农民合作社
发展模式
研究

Chapter 9

第9章　破与立：农民合作社国际贸易模式研究

9.1 引 言

发达国家在关税对贸易的影响不断降低情况下，为了保护本国的农业生产，各国建立了多种技术性贸易壁垒（TBT）以减少国外农产品对本国农业的冲击。我国加入世贸组织（WTO）以后，农产品贸易状况并不乐观，进口国设置了种种技术性贸易壁垒，使我国的农产品出口面临着严峻的考验。据有关部门不完全统计，国外设置的技术性贸易壁垒对我国农产品出口的直接影响超过20亿美元，约占年出口额的25%以上，间接损失不可估量。技术性贸易壁垒已经成为我国农产品出口的重要阻碍，因此我国学者也逐渐开始重视农产品技术性贸易壁垒的研究，并取得了一些成果，总结如下：（1）对技术性贸易壁垒含义的阐述；（2）国外技术性贸易壁垒的发展现状及趋势；（3）技术性贸易壁垒对我国外贸影响；（4）国内与国外的技术标准差距；（5）如何应对技术性贸易壁垒的措施。在这些研究中不少学者提出要加强政府的主导作用。如农产品标准制定、国际贸易谈判、农产品补贴等，忽视了农产品行业协会的作用，没有意识到农产品行会应当作为突破国外技术性贸易壁垒的主体并且成为建立我国技术性贸易壁垒的主体。破与立，农产品行会如何破解农产品技术性贸易壁垒是本书研究的核心问题。

9.2 农产品行会是解决农产品技术性贸易壁垒问题的主体

世界贸易组织（WTO）是成员方政府间的经济性组织，对于各国（地区）行业协会组织的行为规范没有干预的权力，这就为行业协会组织提供了充分的活动空间。也就是说，行业协会作为社会中介组织具有政府所不能的功能，在应对技术性贸易壁垒方面，可以起到政府所起不到的特殊作用。另外，根据 WTO/TBT 有关合格评定程序的规定，需要授权、委托给民间具备第三方性质的技术机构执行，这些机构应是具有社团法人和社团法人地位的技术机构。发达国家的农业行业协会在农业经济发展中起到了重要的作用，并影响到政府的对外贸易政策。农协不仅负责调节行业内企业之间、农业生产者之间和相关从业者之间的关系，而且负责制订行业法律和标准，欧盟的很多农产品的标准都是由农协发起并由政府确立和实施。农协作为沟通政府和农民的“桥梁”，农民的代表，对市场反应灵敏，并在国际农产品贸易谈判中积极活跃，往往能够取得良好的效果。因此农产品行会成为解决农产品技术性贸易壁垒的主体是必然的趋势。

TBT 的突破是需要成本的，以欧盟为例：凡在欧盟各成员国市场上流通的产品，必须至少达到 3 个条件：一是必须符合欧洲标准（EN），取得欧洲标准化委员会（CEN）认证标志；二是凡进入欧盟各成员国市场的产品，要经过 ISO9001 认证注册；三是取得欧盟安全认证标志 CE。而且取得和维持认证的费用非常高，目前我国申请 ISO 14001 认证的费用，仅咨询费、体系建立费、审核费和认证费一般需要 20 万 ~30 万元。另外，进口国昂贵的检验费用使我国原本很有竞争力的产品失去价格竞争力。在 2002 年，日本对我国出口的 43 种农产品、水产品进行农残检测，导致进口通关放慢，滞港费用增加，检验成本上升，使检验费占到货值的 44%，引发价格大幅度提高，竞争能力削弱。由于目前我国出口农产品的生产方式大多仍然是传统的生产方式，多数生产者规模小、技术差，质量不高，检测标准不统一，这些不利因素抵消了我国廉价劳动力的成本优势。单个的农户和农业企业承担这些费用将导致了成本的上升和竞争能力减弱，因此以农产品行会的形式将这些农户和企业组织起来共同承担这些费用无疑是理性的选择。

农产品行会应当成为农产品国际促销的主要机构，并具有以下的重要功能：（1）协会负责制订农产品出口的基本战略，确定农产品出口的具体目标，完成并实施年度农产品出口计划，与外国政府交涉取消农产品进口壁垒等，为突破农产品技术性贸易壁垒铺路搭桥。农产品行会负责提供全球市场信息，制订生产计划，督促会员使用统一的商标，建立和利用出口价格协调机制，培养消费者对产品的忠诚度等。（2）建立面向出口的生产、流通体制。行会要树立统一品牌、建立统一生产标准，保持农产品的出口品质，降低成本，建立出口包装和保鲜系统，利用共同的运输方式，开发出专门出口的运输路径、运输方式等流通体制。同类商品统一的品牌可以减少相关的认证费用，防止国内生产商的恶性竞争，对于提高农产品质量、确立标准化生产都有帮助。产品质量、技术创新是突破农产品技术性贸易壁垒的关键，农产品行会可以建立统一的生产体系，统一组织成员采用先进的技术，以农业标准化模式进行生产，形成以提高农产品质量水平为中心，获取最佳经济、社会和生态效益的综合运行体系。规模小分散经营是目前我国农业生产的主要形式，这种生产模式不可能保障农产品的高质量、大规模的生产。农产品行会的主要功能之一就是，提供产前、中、后的服务，统一指导农户生产达到规模经济，这样为突破国外的农产品技术性贸易壁垒奠定了坚实的基础。在技术创新方面，农产品行会可以联系国内的科研机构，积极参与技术的创新和标准的制定，以提高农产品质量为目标与国际农产品标准接轨。（3）多渠道营销出口农产品。包括海外市场调研、开发海外消费者需求、组织生产者参加国内外的农产品会展，在海外设立直销点。（4）加强与金融部门的沟通，为出口企业争取贷款。（5）培养对外贸易的人才。突破农产品的技术性贸易壁垒需要通过非常复杂和烦冗的审理程序，除了直接的经济成本外，还需要专业的外贸人才和相关的专业人员，从我国的农业企业发展的情况来看，大多数企业还不具备完备的国际市场开拓的人力资源，农产品行会可以组织专业的人才为农业企业的出口提供有效的咨询服务和指导，并建立完善的预警机制，降低出口风险。（6）从农业补贴的角度看，对农民直补有效地提高农民从事农业生产的积极性，但是很难达到产业补贴的规模效应，可以将一部分补贴通过对农产品行会转为间接补贴，提高农产品行会的经济实力和权威，使之能够抗衡与国外的农业协会，提高其在国际贸易纠纷、农产品出口信贷等谈判中的地位，成为我国农产品生产的领导力量，从而带动相关农产品行业发展。

9.3　农产品行会如何突破农产品技术性贸易壁垒

9.3.1　加强农产品行会合作体系的建设和管理

前面提到农产品行会在国际农产品贸易方面具有一定的灵活性和组织优势，但是它的经济实力和影响力是其开展活动的基础。因此作为突破农产品技术性贸易壁垒的主体，首先要加强自身的建设和管理。我国的农产品行会发展水平还比较低，规模较小，农产品行会的体制还不健全，管理水平也比较落后，从目前的情况看，我国农产品行会实力比较弱小并不能像欧美国家的农业协会有效地承担起保护和发展本行业的能力。农产品行会要突破农产品技术性贸易壁垒必须要完善农产品行会合作体系，建立以农产品为核心的经济区域综合模式的农产品行会。农产品行会合作体系由初级的农产品行会为基础单位，进而形成农产品行会的合作及二级行会，初级合作组织进行单一的农产品的生产经营，确保产品的质量以及达到国际标准要求的生产程序。二级行会主要具有技术创新、金融、产品出口服务、行业标准制定、行业保护、与政府沟通等功能，并能够履行一部分政府授权的职能。二级行会的成员不仅是初级的农产品行会而且要更多地吸收农业企业的加入，并以适当优惠的条件鼓励这些企业参与到初级农产品行会的建设中去。我国的农产品行会“官办”的性质比较严重，但在完善农产品行会合作体系的初期这也是适合我国农产品行会发展的途径之一，在农产品行会合作体系建立以后应当逐步地减弱这一性质。农产品行会合作体系的管理应当遵循“对内合作，对外盈利”原则，建立完善的合作管理制度，确保成员的利益，逐步地增进合作组织的经济实力和影响力，吸纳高素质的人才加入管理，以弥补农产品生产者专业素质欠缺的不足。以科学为依据，明确行业的法律责任，在整个国家形成了一个综合、有效、健全的农产品质量监督服务体系，并在法律规章制度下进行质量安全管理。

9.3.2　积极参与标准的开发与认证并与国际标准接轨

发达国家的农产品标准很多是根据农业协会提出，并由国家通过法律程序来制定的，这些标准建立基于发达国家农业的生产水平，有效地保障了农产品的安全和国外农产品对本国农业的冲击。这些农业行会不断地收集国外竞争对手的信息，发布并更新的标准，从而使技术性贸易壁垒不断地提高。我国在技术性贸易壁垒措施的利用上还处于初级甚至是空白阶段，认证认可制度虽然已经涵盖了产品认证、质量管理体系（ISO9000）认证、环境管理体系（ISO14000）认证、食品卫生安全管理体系（HACCP）认证等领域。但是有关认证认可方面的标准和法律法规极其缺乏，就农产品认证而言，认证机构的不规范行为，特别是许多检验机构的不规范行为大大影响了检测结果的真实性和科学性，使认证的信誉受到严重的损害，造成管理混乱。

农产品行会合作体系完善以后，首先二级行会应当着手建立全国统一的农产品生产的行业标准和认证体系，并逐步与国际接轨。这项工程是系统的复杂的，可以分为三个阶段去完成：第一阶段，虽然我国的农产品生产水平还不能完全达到国际标准，与发达国家的农产品进口标准还有很大的差距，短期内不可能使全国的农业生产水平达到国际标准，但是可以选择经济附加值高的农产品作为突破口，在特定的区域内按照进口国的标准实行标准化农业生产以突破技术性贸易壁垒、扩大出口为目标，增强农产品行会的实力。第二阶段，全国范围内按照农产品划分经济区域推行农业标准化生产，达到国内统一的农产品生产标准，对达到国际标准的生产企业和农产品行会进行产品认证，采取优惠措施鼓励出口。第三阶段，实施技术标准的动态化管理，一方面加强预警机制的建设，对国际市场农产品的技术性贸易壁垒不断跟踪、收集、分析对可能出现的技术性贸易壁垒做出评估并提出对策；另一方面，建立完善的质量标准和监测体系，根据国内外的技术水平作相应的调整，保持一定的主动性。农产品行会要与政府不断沟通，准确地反映农业生产的水平和国际贸易中出现的摩擦，以便政府在参与国际标准制定的谈判中能充分、快捷地取得科学依据。

9.3.3 调节内部的合作，加强与国外农业企业的合作

出口企业缺乏国际营销理念和国际营销经验，多数出口企业不愿也不敢独立开发国际市场，而是对有利润空间的市场一哄而上，争相瓜分利润，造成不计成本、竞相压价的恶性竞争。进口数量的增加、市场份额的扩大是进口国主管部门认定行业损害的重要因素。我国出口企业大多缺乏对国际农产品市场的深入调查和总体把握，未能把握国际市场和进口国的农产品行情和动向，及时调整出口产品的价格和数量，致使向某一国家的同类产品出口数量往往在短期内迅速增加，造成进口国市场饱和，价格下降，对进口国的市场造成冲击，客观上存在倾销倾向，增加了反倾销的概率。农产品行会主要功能之一就是，联合同类农产品的生产者统一地进行生产和销售的指导，保证生产者的利润，避免农业出口企业的恶性竞争。农产品行会一方面将农民和企业联合保障了生产资料的供给和质量，出口产品的质量和流程；另一方面，对国外的市场调查分析降低企业开拓海外市场的成

本，控制价格保证利润，这对于我国农产品的出口和国际品牌的塑造都有积极促进的作用。

我国出口的农产品都是劳动密集型农产品，附加值很低，技术含量低，是突破农产品技术性贸易壁垒的重要阻碍。如大蒜，只经过简单地去泥剥皮就出口。这样的产品除了低价格外，缺乏综合竞争优势，而低价格又有很大的倾销嫌疑。为了引进先进的技术提高产品的附加值，农产品行会应当与加强与国外农业企业的合作，利用国外直接投资引进技术，以跨国公司的品牌和营销渠道开拓国际市场。通过跨国公司技术外溢和后发效应的协同作用，实现比较劣势向竞争优势转变，才能逾越技术“瓶颈”，达到技术与贸易的双赢。

9.3.4　建立提诉和应诉机制

由于我国出口的农产品具有价格优势，进口国很容易采取反倾销措施。截至 2005 年 9 月 30 日，共有 15 个国家和地区对中国农产品提起 44 起反倾销调查，4 个国家和地区提起 5 起保障措施调查，1 个国家提起 337 起调查，1 个国家提起 1 起反规避调查，针对中国农产品的贸易救济措施达到 51 起。而我国的大多数出口企业还不能积极主动地应诉，存在着“怕难、怕输、怕痛”的心理，不能争取合理的权益，产品被征收重税不得不退出了辛苦开拓的市场。农产品行会可以作为反倾销、反补贴申诉的提诉人与应诉人参与农产品贸易争端的解决。从各国实践看，中介组织作为提诉人的案件占绝大多数，而以政府反倾销机构或单个企业作为提诉人的情况十分少见。此外，以农产品为联系纽带的农产品行会应当建立提诉和应诉的机制，还可以帮助企业应诉，由有关产销单位或企业分摊费用，采取联合行动，可以克服因各种费用较高而应诉困难的问题，增强反倾销行为的对抗能力。提诉和应诉的机制应当从两个方面着手：一方面设立反倾销应诉基金，由于反倾销应诉需要费用开支，为防止某些出口企业无力承担应诉费用、应诉不力或拒绝应诉等情况的发生，依据各企业出口量的大小确定一定比例的费用份额，并指定专门机构或海关收取，建立专项基金，主要用于支持反倾销应诉和为企业提供国际市场信息；另一方面，建立应诉机构，现有的外经贸管理干部以及律师、会计师、经济师队伍中选择一批经贸、法律和外语等方面具有较高知识水平和业务素质的优秀人才，进行集中强化培训，以加速造就一支高素质的反倾销应诉的专家队伍，为构筑科学、高效的反倾销应诉机制提供有力的人力资源基础。

9.3.5 海外投资建立生产基地

发达国家在进口发展中或者贫困国家的产品时一般会有优惠政策，农产品行会可以根据情况选择能够享受这些优惠政策的国家，对外直接投资建立海外的生产基地绕开技术性贸易壁垒，同时利用这些国家更为便宜的劳动力和投资优惠政策获得更多的发展机遇。但是我国农产品加工企业海外投资尚处于起步阶段，需要政府和农产品行会的指导和帮助。

9.4 农产品行会如何建立我国农产品进口技术性贸易壁垒

各个国家根据自身的情况采用了不同的标准，这些标准可以有效对其他国家的产品进行限制，保护本国的产品。发达国家的贸易战争中双方利用生物基因技术和动植物的检疫标准不断地引发贸易争端，至今还有很多问题没有解决。例如，欧盟对转基因食品的限制，欧盟停止对利用现代生物技术制造的产品进行审批，成功地阻断了美国玉米对欧盟的出口；欧盟禁止在家畜生产中使用天然和人工合成荷尔蒙的措施，停止了美国牛肉的进口。当然这些限制容易遭到报复，1999 年 7 月美国开始对欧盟的产品征收了 100% 的报复关税。针对中国，发达国家同样采用了多种技术性贸易壁垒加以限制我国产品的出口，主要有繁多、严格的技术标准法规，复杂苛刻的动植物卫生检疫措施，不断提高标准，技术信息壁垒，农产品的包装和标签的复杂规定等。这些技术性贸易壁垒让我国农产品出口遭到了巨额的损失，并且带有部分歧视性，但是通过不断地吸取教训，农产品行会可以从以下几个方面建立我国的农产品进口技术性贸易壁垒，对此进行反击。

（1）利用技术标准的差异性，修改农产品行业标准。农产品行会应当发挥制订国内标准作用，积极制订一些可以限制国外农产品的标准，尽管这些做法可能会遭到报复，但是当本国的农产品行业遭到巨大冲击时，应该果断地使用，如对转基因食品、人工添加剂以及激素等方面的限制。法国在保护本国糖果业时，禁止糖果中红色素使用，将英国的糖果赶出了国内市场，因为英国的糖果大多是红色的。

（2）设计复杂的、烦琐的进口程序。烦冗的质量评定程序是一种低成本的技术性贸易壁垒，纯技术的抽样、检测和测试，以及各种注册认可和批准都可以有效地成为进口障碍，报关时针对重要的农产品，可以设置一套耗时的烦琐的程序，要求办理各种手续，开具多种证明文件。这里我们可以借鉴美国的通关手续和要求，美国海关要求提供的资料远远超出了正常的海关申报手续，造成了额外的成本，这些资料大多是对于海关没有什么关系。

（3）实行严格的农产品包装和标签制度。以保护环境和人类及生物安全的理由实施“绿色包装”制度，例如，丹麦曾要求进口的饮料一律采用可再装容器，我国也可以要求无污染可再利用的包装材质，并要求简体中文的标签说明，严格要求标签的使用方法、字体设计、颜色、大小图案等标识或者要求汉语拼音说明。

总结，技术性贸易壁垒对农产品贸易的影响是巨大的，突破国外技术性贸易壁垒和建立我国农产品进口技术性贸易壁垒的过程，是一个长期的复杂的技术和贸易的竞争，农产品行会应当作为这个竞争的主体，保护国家和生产者的利益。虽然我国目前的农产品行会发展比较落后，但是应当争取政府更多的支持，尽快发展和完善农产品行会合作体系，参与到国际贸易的竞争中去。

第10章 农民慈善合作社模式研究

10.1 问题的提出

近年来随着扶贫工作的整体推进，我国贫困人口数量不断减少，贫困发生率逐渐降低，按照每人每年 2300 元（2010 年不变价）的农村扶贫标准计算，2015 年农村贫困人口 5575 万人，比上年减少 1442 万人。目前我国扶贫工作进入全面脱贫阶段，但现有的贫困地区特别是连片贫困地区还存在着贫困发生率高、贫困程度深、返贫问题严重等问题，传统的扶贫政策瞄准精度不高、扶贫效率有待提升。2015 年 11 月，中共中央国务院《关于打赢脱贫攻坚战的决定》（以下简称《决定》）指出“创新扶贫资源使用方式，由多头分散向统筹集中转变；创新扶贫开发模式，由偏重‘输血’向注重‘造血’转变。”《决定》为扶贫工作创新发展提供指导思想：模式创新、资源整合、侧重扶贫的内生性将成为全面脱贫阶段的工作思路。2017 年中央“1 号文件”再次强调“强化脱贫攻坚支撑保障体系，统筹安排使用扶贫资源，注重提高脱贫质量，激发贫困人口脱贫致富积极性主动性，建立健全稳定脱贫长效机制。”目前欠发达地区的农业、农村、农民在市场经济中依然处于弱势地位，欠发达地区农村弱势群体发生极端贫困的可能性较高，是扶贫工作中的重点对象。

对于农村弱势群体的内涵学者们从不同的角度做出了界定，“经济上极度贫困、生活质量低、承受力脆弱、社会竞争中处于劣势，缺乏经济、政治和社会机会且没有能力改变现状的人群”。农村弱势群体实质上是经济环境、生态环境和社会环境的弱势，需要政府重点保护与支持，针对农村弱势群体的特征学者们从多种途径推进农村弱势群体的扶贫：从人力资源视角，发展教育援助，推进农村弱势群体的成人教育和基础教育；从产业视角，通过团体合作、资金联合加强“弱势群体金融”，推进欠发达地区农村弱势群体非农的“二次转移”；从政治视角，提高农村弱势群体的话语权，以拓展其政治参与能力，有效表达自身的利益需求；从扶贫政策、法律视角，完善农村弱势群体帮扶机制、法律保障，建立农村弱势群体信息库，改善瞄准机制，提高农村弱势群体的扶贫精准性。

梳理现有文献，研究者从多个视角对农村弱势群体的内涵、特征、扶贫措施、政策进行了深入分析和探讨，为农村弱势群体的扶贫工作提出了积极有效的建议。但是现有研究中，缺乏资源整合、扶贫模式的创新研究，对慈善事业、农民合作与扶贫综合研究的也相对较少。贫困的原因是复杂的、多层次的，现有关于农村弱势群体的扶贫措施大多数是单一扶贫路径，政策实施也是多部门独立推进，缺乏制度衔接，无法形成扶贫资源的规模效益与整体解决方案。根据课题组的调查，欠发达地区青壮劳动力外出打工较多，农村劳动力的“候鸟式”迁徙转移让“空心村”问题日益突显，常住人口以老弱病残为主，解决农村弱势群体的贫困问题需要整合政府、社会、贫困主体的资源，统筹规划、多部门协调形成合力，构建新的扶贫模式和路径，转变贫困地区经济增长模式和扶贫思路，实现外部资源与内部资源联动，激发内生性脱贫动力。本书将农村弱势群体的研究范围界定在农村老人、妇女、儿童、残疾人，试图通过社会慈善、低保、农民合作社的资源整合，构建以农民扶贫合作社为载体的内外部扶贫资源联动的模式与实现路径，即农村弱势群体的多元共治扶贫机制，推进“空心村”状态下的农村弱势群体脱贫。

10.2 慈善、扶贫、合作多元共治的扶贫逻辑

根据“第三方治理”理论，开放一部分公共领域让非营利组织参与进来，将使公共服务供给具有一定程度的多样性和竞争性，从而有助于提高效率、减少成本，其实质是政府与非营利部门基于共同目

标的联合行动。我国扶贫工作中政府一直处于单一主导地位，通过集中财政力量进行开发扶贫，以扶贫开发、区域经济增长带动贫困人口脱贫。近年来 NGO、社会慈善机构在扶贫中的作用逐渐提升，社会组织扶贫具有较好的灵活性、群众参与性、精准性更加贴近贫困人口的生活，扶贫项目也更侧重农村弱势群体。扶贫不仅是政治、经济问题同样也是社会问题，社会组织参与扶贫是现有扶贫方式的有益补充，实现多主体扶贫资源的互补和协作。在全面脱贫阶段需要进一步扩大社会多元扶贫主体的作用，形成多元共治的扶贫机制，所以第三方机构扶贫有利于更多社会资源引入欠发达地区的发展，也有利于降低政府扶贫的交易成本，通过竞争、协调、合作的方式实现扶贫效率提升。慈善机构在扶贫事业发展中发挥着独特而重要的作用，具有动员资源广泛性、扶贫方式多样性、救助针对性、公益慈善文化形成等优势，是政府扶贫工作在贫困村、贫困户层面理想的代理机构。但我国公益慈善机构参与扶贫缺乏可推广施行的合作机制、协调机制，制约了公益慈善参与扶贫工作的深度和广度，慈善机构参与扶贫具有较大的潜力，但需要制度创新、路径创新引导，激励社会慈善资源对欠发达地区农村弱势群体的投入。农民合作社是弱者的联合，具有天然的溢贫性，是推动扶贫工作的有效载体，农民合作社在农村反贫困进程中，提高贫困农民经济收入的同时，也帮助其缓解了能力贫困和权利贫困。国家财政扶贫资源与合作社进行对接，再吸纳贫困农户的自有资源，有助于提高农民的组织化程度，并持续提高农民的素质与能力，有助于构建精准扶贫的体制机制，实现 2020 年全面脱贫的战略目标。NGO 不仅帮助农民专业合作社解决销售渠道的问题，同时还为农民合作社提供技术支持、资金支持、观念引导、志愿服务。农民合作社的经济目标、社会目标与扶贫目标密切相关，经济目标是提高成员收入、成员经济参与；社会目标是为成员提供服务、关注社区、开展教育、信息、培训等所以农民合作社对扶贫工作开展有着积极促进作用。

慈善、扶贫、合作具有共同的目标——帮助贫困人口提高收入，但是现有条件下各自孤立运行，缺乏有效的协同机制无法形成合力，基于第三方治理理论，针对农村弱势群体的特征，课题组构建以农民扶贫合作社为载体的农村弱势群体多元共治扶贫机制。多元共治扶贫机制中需要政府、社会、农村弱势群体的共同参与，以合作原则、民主管理作为扶贫机构的基本制度，如图 10 - 1 所示。政府结合低保、扶贫开发政策为农民扶贫合作社提供财政资金和低息贷款，保障其正常运营；社会慈善机构通过募集社会慈善资金和自身人力资源为农民扶贫合作社提供发展资金的补充和组织运营的人力资源；农村弱势群体全部参与农民扶贫合作社，并将土地、农机等生产资料作为股份投入农民扶贫合作社，农村弱势群体将是合作社的所有者、使用者、受益者。政府、社会慈善机构、农村弱势群体将共同制订农民扶贫合作社的发展规划，并由成员大会投票决策，农民扶贫合作社管理者由社会慈善机构人员担任或聘请相关专业的职业经理人负责规划的实施。

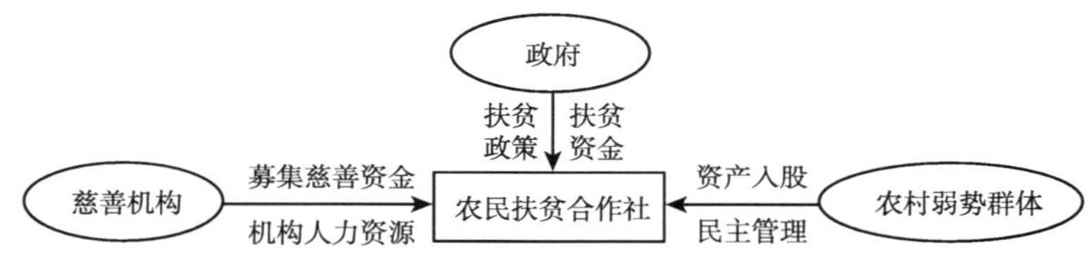

图 10 - 1 农村弱势群体多元共治逻辑

10.3 农村弱势群体多元共治扶贫机制的构建

农村弱势群体多元共治扶贫机制根据“第三方治理理论”整合政府、社会慈善机构、贫困村内部资源，将慈善与扶贫融入农民合作社的发展中。课题组以合作原则为基础，从成员资格、产权制度、管理制度、监督制度以及社会主体激励制度、低保、扶贫对接制度几个方面构建农村弱势群体多元共治扶贫机制，实现慈善、扶贫、合作融合发展的模式创新。

10.3.1　成员资格的确定

本书对农村弱势群体的界定是农村老人、妇女、儿童和残疾人，由于自身生理条件、年龄约束或身体障碍，受自然资源禀赋、自身发展能力、社会参与机会、社会保障水平等的限制，在政治和社会生活上也处于边缘或被排斥的地位，容易发生极端贫困。农村弱势群体具有以下特征：经济生活贫困、个人能力脆弱、资源占有稀缺、政治权利受限、社会地位较低。多元共治扶贫机制针对农村弱势群体的特征，成立以农村弱势群体为主体的农民扶贫合作社，首先致力于提高农村弱势群体的社会、经济地位，只有农村弱势群体才能参加、享受社会慈善活动和政府专项财政的扶持；同时由于农村弱势群体范围较广也能够覆盖贫困地区多数家庭，体现了公平与效率的统一。其次，将部分政府扶贫项目资金、社会慈善机构资金作为不可提现公共积累和扶贫项目启动资金，平等分配到每个农村弱势群体成员个人账户，未成年人股份减半，结合成员土地、农机等入股资产作为未来利润分配凭据；成员入股、交纳会费体现合作的经济参与原则，有利于提高成员的主人翁意识和责任感，成员可以多种资产形式入股如土地、生产资料、现金、生活资料、空闲住房等，并交纳一定的会费。再次，一部分社会慈善捐赠将作为低保配套资金分配给农村弱势群体中无人赡养的人群，提高极端贫困人口的生活水平，这部分人群是全体成员的集体决策、共同认可的。最后，开展农民扶贫合作社社区服务功能，针对成员需求开展生活合作、教育培训、信息服务等逐步提高农村弱势群体自我人力资源的积累，实现脱贫的可持续性，吸引外地打工的当地青壮劳动力回合作社工作，弥补当地产业发展的劳动力不足的情况。

10.3.2 多元共治的产权制度构建

在多元共治的产权制度中，一部分资产来源于政府、社会慈善机构的资助，一部分源于成员的投入，一部分来源于农村集体经济产权改革，并根据成员资格、资产总量将产权量化并公平分配给合作社成员，作为未来收益的凭证。平等的产权制度是农民扶贫合作社发展的基础，也是成员民主管理的基础，并按照农民合作社的原则限制资本的回报。农民扶贫合作社产权制度设置要结合农村集体产权制度改革，将农业经营性资产由合作社整体运营，提高这部分专用性资产的使用效率和增值空间；借助政府、社会的资金支持整合农村内部的扶贫资源，增加农民扶贫合作社的原始资本积累，盘活农村内部资产，提高农村弱势群体的财产性收入。以农民扶贫合作社运营农村集体经济资产符合我国农村集体经济产权改革的方向，也有利于农村弱势群体自我扶贫，并推动了农民合作社的整体发展是一举多得的发展路径。目前贫困地区由于农村青壮劳动力外出打工较多而逐渐产生"空心村"，剩余人口中弱势群体较多，农业生产劳动力投入不足造成农业生产资源的浪费。通过多元共治扶贫机制整合农村内部劳动力和发展资源如土地、农机等集体和个人生产资料，有利于现代农业的规模化和专业化经营；通过农民扶贫合作社引入政府、社会慈善资金作为启动资金和合作社运营经费，让农村弱势群体逐渐获得农民合作社的股份分红收入；政府、慈善机构、成员协同制订农民扶贫合作社发展规划，并交由慈善机构管理农民扶贫合作社，接受成员监督和政府审计；通过用外部资金盘活农村内部资产，发展本地优势产业，用专业管理获得经济利润带动农村弱势群体脱贫致富。

10.3.3 民主管理制度构建

内因是发展的根本原因，农村弱势群体的自我脱贫意识和民主管理意识是脱贫的关键，以农民扶贫合作社为载体的多元共治扶贫机制中，民主管理制度是基本的管理制度，也是培养农村弱势群体自我发展意识的基础，农村弱势群体是农民扶贫合作社管理的主体，政府、慈善机构是辅助管理并负责监督为农民扶贫合作社提供战略指导和智力支持，外界力量过度参与管理会削弱农民扶贫合作社的独立能力、造成外力的过度依赖性，当外部力量撤出后当地农民扶贫合作社将会陷入发展困境，所以多元共治扶贫机制的重点是培养和发现当地农民扶贫合作社的管理人才，依靠本地人力资源才能保证农民扶贫合作社的可持续发展，在外界力量撤出后继续运营农民扶贫合作社。

凡 18 岁以上的成员都具有参与农民扶贫合作社管理的权利和义务，“一人一票”的民主管理制度作为基本的管理方式，农民扶贫合作社重大事项都由全体成员“一人一票”民主决策。社会慈善机构协助社长或担任社长负责农民扶贫合作社日常管理事务问题，弥补合作社人力资源不足的问题，并对多元共治机制中的政府、慈善机构、村民组成的委员会和成员大会负责。农村弱势群体若想分享政府、社会慈善机构投入的资金收益，必须参与农民扶贫合作社管理、监督合作社运营，所以政府、慈善机构投入的公共积累是激励农村弱势群体参与合作的有效手段，公共积累产生的利润依据成员股份分配。通过参与农民扶贫合作社管理和运营，可以提高农民弱势群体自我扶贫意识，获得农民扶贫合作社的工作机会和工资性收入，并了解到合作原则、民主管理的真正意义。自我发展、民主管理、合作意识提高以后农村弱势群体可依靠农民扶贫合作社的影响，进一步参与村民自治，以提高自己的政治、经济、社会地位，从根本上改变弱势地位。

10.3.4　多元共治的监督制度

由于监督的成本较高、监督制度不完善，现有扶贫政策执行中存在着政策变通的问题，低保成为部分村委治理村庄的工具，错综复杂的农村人际网络也影响低保的公平性；扶贫开发中部分项目需要农户配套，而农村弱势群体无法满足项目条件，使扶贫开发项目更偏好于富裕农户，而不是真正贫困人口，所以降低监督成本、完善监督体制是现有扶贫工作中需要解决的问题。由于政府作为唯一的扶贫主体，导致扶贫工作中村委会行政化的路径依赖，基层政府自我监督功能难以有效实现，扶贫中忽视农村弱势群体的需求和意见，贫困人口参与度较低、瞄准精度不高。在多元共治扶贫机制中，农村弱势群体作为农民扶贫合作社的所有者、使用者、受益者处于主体地位，也是主要的管理者和监督者，通过民主管理决策的农民扶贫合作社项目和资金使用方案，由慈善机构人员执行并接受多元主体监督。这样扶贫工作从政府单一主体变成农村弱势群体为主的政府、社会慈善机构多元参与主体，政府审计部门、农村弱势群体、社会慈善机构的资助者都成为监督者，形成多元化的监督体系，特别是农村弱势群体的监督具有重要作用。农民扶贫合作社项目实施和资金的使用关系到农村弱势群体自身的未来收益，所以成员要实时监督项目的进展和投资情况，确保管理层按照规划推进工作，才能保证自己的年底分红。在合理的制度设计中，贫困农民只要积极参与农民扶贫合作社的投资、管理、监督，就可通过农民扶贫合作社利润分配获得稳定的预期收益，实现收入的可持续增长。

10.3.5 多元共治机制中外部主体的激励制度

多元共治机制的核心是将政府单一扶贫主体变为社会多元主体参与的扶贫机制，形成农村弱势群体自我扶贫与社会资源帮扶、政府保底的扶贫生态。企业、个人、社会组织的多元化参与有利于社会资金、资本向贫困地区流入，但是将企业、个人、社会组织参与扶贫形成常态化、可持续化，需要构建合理的激励制度，提高社会主体参与扶贫的积极性。

第一，慈善、扶贫的信息互动平台。通过平台实现参与主体之间的互动和扶贫项目的进度信息发布、交流，提高扶贫工作的信息化、透明化程度，互动性和参与性，用捐赠、众筹等方式推进社会公益事业发展。信息平台的建设也是扶贫补贴的一种形式，用较少的投入让公众更好地了解政府扶贫工作进展，为社会主体参与扶贫提供方便的途径。信息平台还是政府引导社会主体参与扶贫的有效途径，通过政府购买社会组织的扶贫服务目录，来引导扶贫事业发展的方向，并鼓励民间扶贫组织参与政府扶贫项目，用市场竞争提高扶贫项目的效率和宣传力度。

第二，参与公益扶贫活动精神和物质奖励制度。对于积极参与社会慈善事业的企业、个人也可以在社会公共福利中给予一定的精神和物质奖励，鼓励社会慈善和扶贫事业的良性发展，具体措施如提高公益活动的宣传力度和媒体曝光度、个人所得税的抵扣、企业所得税的抵扣、入驻公益养老院的优先权、医疗保障和保险的优惠、公共交通补助、社工义务优先帮助、计入个人征信评级记录、城市户口积分等，让热爱公益活动的企业、个人、社会组织感受到政府对他们的鼓励和支持，形成良好的社会公益事业氛围。

10.3.6　低保与扶贫开发制度对接

在我国扶贫政策中，低保作为扶贫政策中兜底的基础制度，主要是帮助对象是农村弱势群体，是“输血”功能保障其生存权；扶贫开发具有“造血”功能保障贫困人口的发展权，两者有机结合，不可或缺，低保与扶贫开发体现社会主义市场经济建设中公平与效率的统一，通过二次分配帮助贫困人口实现是生存权与发展权。但是在实践工作中两者衔接制度还不完善，如流程、管理、资金、人力资源等方面衔接不到位，降低了扶贫精准度。在多元共治的扶贫机制中，以农民扶贫合作社为载体，将低保、扶贫开发置于合作扶贫机制中，并由成员民主管理监督，全体成员集体决定低保名单和扶贫开发项目，社会慈善机构协助实施，可进一步提高成员主动自我扶贫积极性，政策实施载体的统一可推进低保、扶贫开发的有效衔接，具体制度设置请参考笔者其他文章。

10.4 推广多元共治扶贫机制政策建议

农村弱势群体多元共治扶贫机制目标在于整合政府、社会慈善机构、农村内部的扶贫资源，构建多元化主体优势互补的扶贫机制，以农民扶贫合作社为载体，政府财政、慈善资金为启动资金，协调空心村农业、农村发展资源，以慈善机构为主提供人力资源，为欠发达地区农村弱势群体全面脱贫服务。多元共治扶贫机制需要多主体、多渠道协调，是特惠扶贫与普惠扶贫的有机结合，课题组建议从以下几个方面推进多元共治扶贫机制建设。

10.4.1 推进农民扶贫合作社载体的发展

我国农民合作社处于发展初级阶段，存在着虚假合作、成员异质性、少数人控制、合作社企业化等问题，但是不可否认的是农民合作社在提高农民收入、改善农民市场地位、提高农民民主意识方面有着积极作用。农民扶贫合作社是欠发达地区农村弱势群体的代表，从构建时就要坚持民主公平的原则，用财政扶贫资金和慈善资金承担农民扶贫合作社前期组织运营成本，并雇佣慈善机构人力资源进行管理，限制成员资格只有欠发达地区农村弱势群体参加，依靠成员参与和监督，杜绝少数人控制和合作社异化。坚持规范的农民合作制度和成员主体地位，用多元共治机制、民主管理和专业管理保证农民扶贫合作社的公益性、公平性。

10.4.2　提高社会慈善机构在扶贫中的作用

近年来，国内外 NGO 等社会机构在全国开展扶贫项目越来越多，但是整体上我国慈善机构在扶贫中的作用还相对较小，信息不对称、慈善机构信任度、NGO 本地适应性等问题导致慈善机构在扶贫工作中没有充分发挥扶贫功能，因此，要培育我国社会慈善机构发展，引导更多慈善机构进入欠发达地区扶贫工作中。第一，用税收制度提高企业、个人慈善募捐动力，培养良好的慈善事业发展环境；第二，重树慈善机构公信力，提高慈善机构品牌影响力；第三，培育、规范草根慈善机构发展，用政府购买扶贫服务目录引导微小慈善机构发展；第四，注重慈善机构与农民扶贫合作社载体的有机结合，提高外来扶贫机构的适应性，提高当地农村弱势群体的主动参与性。

10.4.3　构建身份类别扶贫的瞄准机制

以家计收入作为扶贫瞄准机制，具有成本较高、收入难以精确统计等缺点，因此研究建议构建身份类别扶贫的瞄准机制，将贫困地区农村弱势群体分为五个类别：有劳动能力的贫困群体、有部分劳动力且有直系亲属赡养的贫困群体、无劳动能力的但有直系亲属赡养的贫困群体、有部分劳动力无直系亲属赡养的贫困群体、无劳动能力无直系亲属赡养的贫困群体。对于无直系亲属赡养的群体通过农民扶贫合作社结合低保制度给予慈善补贴，农村弱势群体全部纳入农民扶贫合作社中以成员账户形式分配利润提高收入，享受政府、慈善机构资金、农村集体资产运营带来的收益。

10.4.4　提高扶贫政策实施的人力资源投入

现有扶贫工作中重视对物质的投入如基础设施、生产资料、土地整合等投入，但忽视扶贫中人力资源的投入，这里的人力资源指对扶贫项目实施者的人力资源投入，不是对农村弱势群体的教育培训。扶贫工作需要较高组织能力、管理能力、产业运营能力、沟通协调能力等，仅仅依靠当地政府扶贫机构或者贫困农户的人力资源去开展扶贫工作，发展农民扶贫合作社推广多元共治的扶贫机制是不够的，扶贫工作需要雇佣更加专业的人才包括慈善机构的人员和职业经理人来管理农民扶贫合作社，通过职业化管理政府、慈善机构的扶贫资金和农村集体资产，发展当地特色农业或非农产业，产生利润分配给农村弱势群体，并在农村弱势群体逐渐参与管理的过程中培养当地人才，作为合作社未来发展的人力资源储备。因此，建议在政府、慈善机构的预算中有一部分用于专业管理人员的雇佣，否则以贫困地区的工作条件、工资待遇很难吸引到优秀的人才从事扶贫项目的运营，不利于扶贫工作效率提升。

第11章　连片贫困地区农民合作扶贫模式研究

11.1　引　言

随着我国经济的快速发展，政府扶贫工作不断推进，近年来我国扶贫工作取得了巨大成就，贫困问题得到有效缓解，贫困绝对人口数量不断下降。根据国家统计局 2016 年 2 月 29 日发布的 2015 年国民经济和社会发展统计公报，2015 年我国农村贫困人口从上年的 7017 万人减少到 5575 万人，减少 1442 万人（比上年多减 210 万人），贫困发生率从上年的 7.2% 下降到 5.7%。目前我国的扶贫工作进入了脱贫攻坚的阶段，十八届五中全会提出“2020 年我国农村贫困人口实现脱贫，贫困县全部摘帽，解决区域性整体贫困。”我国的扶贫思路也从开发式、参与式扶贫转向了精准扶贫。在目前扶贫工作中，《中国农村扶贫开发纲要（2011—2020 年）》提出的 14 个连片特困地区依然是重要任务。连片贫困地区覆盖我国大部分贫困地区和深度贫困群体，新扶贫标准制定前划定的全国 592 个扶贫开发工作重点县中，有 431 个在片区内。根据“十三五”规划纲要“把革命老区、民族地区、边疆地区、集中连片贫困地区作为脱贫攻坚重点，持续加大对集中连片特殊困难地区的扶贫投入力度，增强造血能力”，对连片贫困地区扶贫工作将影响到全面脱贫战略目标的实现。连片贫困地区由于特殊地理环境、历史、致贫原因多元、交叉化等问题，扶贫工作难度大，贫困绝对量和发生率都较高，传统的扶贫方式效率不高，扶贫工作面临着较大的压力。为了有效促进连片贫困地区的扶贫工作开展，笔者从农民合作视角出发，以当地农民作为主体，构建以合作社为载体的农民合作扶贫模式，创新扶贫思路和模式，建立可持续发展的扶贫组织和体系，探索连片贫困治理的新机制和实施路径，整合连片贫困地区内外发展资源，从而改善连片贫困地区扶贫工作绩效。

11.2 文献综述

梳理现有连片贫困地区文献，研究者从多个角度对连片贫困地区的贫困原因、特点、对策、模式、治理结构进行了研究，取得了很多值得借鉴的成果，有效地推动扶贫理论和实践的发展，具体可以分为以下几个方向。

（1）政府行为视角。

政府作为连片贫困地区扶贫工作的主要推动者，对连片贫困地区发展起到关键作用。汪霞、汪磊（2013）认为政府扶贫工作应甄别生存条件恶劣区域，积极推进生态移民工程，加快完善交通基础设施，整合片区特色资源优势，完善农村社会保障体系。徐孝勇、姜寒（2013）发现中央扶贫资金对连片特困区经济增长拉动作用不显著，需要进一步优化连片特困区中央扶贫资金结构，不同类型的公共投资对于扶贫的作用机理不同，对扶贫的影响效果也不同（伍琴，2014）。为更好实现区域扶贫战略，李梦竹、王志章（2014），李辉（2015）提出不同连片区域内政府扶贫中存在的成绩、困难、缺失和改进建议，连片特困地区将逐渐用发展式扶贫最终取代救济式扶贫（曾志红，2013）。刘筱红和张琳（2013）、贾先文和李周（2014）、刘牧（2014）基于我国贫困地区经济社会发展的扶贫资源规模化、扶贫对象精准化、公共服务统筹化的需求，提出连片特困地区需要设计跨域治理制度。根据美国、日本连片贫困地区扶贫的经验，我国连片贫困地区需要构建合作框架、提升基础设施、完善公共服务、加大扶贫力度、导入绿色产业、重视生态建设（何芬和赵燕霞，2015）。张琦和陈伟伟（2015）结合多维动态评价理论和灰色关联分析法设计的综合评价模型，对片区扶贫开发成效的现状和增长进行政府扶贫成效排名。

（2）产业扶贫视角。

特色产业扶贫是连片贫困地区脱贫的有效手段，吴云超（2014）、丁建军（2014）以保靖县黄金村为例，提出用特色专业村寨的发展推进对连片特困地区扶贫工作，特色农业适度规模化发展对于形成集中连片特困地区内生发展能力具有重要作用（蒋辉等，2014），需要科学规划、土地资源整合、水利建设灌溉、文化挖掘与产业化、教育资源整合（王飞跃和魏艳，2014）。陈灿平（2015）采用灰色关联分析方法分析了连片贫困地区农业商品化的影响因子，归纳出这类地区农业商品化发展的模式。

（3）扶贫的思路与战略。

现有连片贫困地区扶贫工作中存在扶贫项目到户率不高，扶贫项目没有明显“益贫”特征（汪三贵，2015），片区内城镇发展潜力普遍偏弱，各地区之间的竞争大于合作，区域产业互补无法真正实现的问题（刘晓，2015），需要构建双边市场理念进行扶贫供需平台协作机制，提高扶贫资源配置效率（郑瑞强，2015），从线性、植入式的外源扶贫模式向内生能力培育为重点、多元参与治理的内源性扶贫转型（覃志敏，2015），走包容性绿色发展之路，强调在减贫政策设计中特别注意机会均等化（郑长德，2016）。李海金、罗忆源（2015）认为应把“开放、开发、统筹”作为连片特困地区扶贫开发战略创新的基本思路。韩斌（2015）基于精准扶贫的视角，提出了生态扶贫、“救助 + 帮扶”和“种养 + 加工 + 科技”的路径，在少数民族地区的连片开发扶贫需要尊重当地的地方性知识（高飞，2013）。

（4）扶贫措施视角。

扶贫措施中、搬迁、金融、旅游、生态、科技等措施，受到研究者的重视，何得桂、党国英（2015）认为集中连片特困地区开展移民搬迁已成为新常态下精准扶贫最为有效的一种实现形式。但金融扶贫还存在很多问题，如现有金融扶贫工作定位不清、主动性较差、沟通机制不畅等（王友健，2013；中国人民银行郑州中心支行课题组，

2014）。而科技扶贫（陈光燕等，2015）和旅游扶贫模式（黄国庆，2013）对产业和当地贫困人口具有较好的带动作用。李仙娥等（2014）、曹诗颂（2015）、李民（2016）则认为连片特困区贫困状况与生态环境状况存在极其密切的关系，生态资产与经济贫困为共生关系，连片特困地区需要构建协同生态保护机制。

（5）简要评述。

现有文献从多个视角，用多种研究方法如案例调查、定性、定量等分析方法结合连片贫困地区的总体贫困特征和个体特征，对连片地区扶贫的战略、思路、模式、措施、产业、绩效评估等方面做了深入的研究，对连片贫困地区中的多个参与主体的逻辑关系、行为方式、沟通机制进行了深入的探讨，并对现有扶贫政策和措施的效果进行模型分析和评价，取得了丰富的研究成果，对连片地区扶贫工作开展具有重要的指导意义。但是现有文献中将当地农民作为主体，从农民合作视角进行扶贫研究的相对较少，现有的扶贫与合作社的研究中也没有将连片贫困地区与农民合作社研究有机结合，没有重视农民合作社扶贫功能和本质，没有将农民合作社视为一个载体或可持续的扶贫机构进行研究，大多是将农民合作社作为一个扶贫的附属机构简单提及。为了弥补前人研究的不足，笔者以农民合作社为载体，构建连片贫困地区农民合作扶贫模式，将农民合作社视为一个可持续发展的、以当地农民为主体的扶贫和经济发展组织，重点研究连片贫困地区农民合作扶贫的机理、功能、作用，补充和创新现有连片贫困地区扶贫模式和理论。

11.3　连片贫困地区农民合作扶贫模式的机理

11.3.1　连片贫困地区贫困的共性特征

（1）自然生态环境恶劣。

生态环境因素是连片地区贫困产生的客观原因，连片贫困地区大多处于交通不便的山地、高原、沙漠地带，以及少数民族聚居区与革命老区、边疆地区等高度重合，自然灾害频繁、生态环境脆弱，过度的开发自然资源导致生态环境进一步恶化从而导致返贫问题，形成环境破坏和贫困的恶性循环。连片贫困地区又肩负着国家主体功能区、生物多样性保护区、水源涵养保护区等功能，自然资源开发受到限制。

（2）社会服务缺失。

连片贫困地区位置偏远造成社会公共服务具有较高的开发和维护成本，交通、电力、通讯、金融、教育、医疗、科技等公共事业投入巨大但效果不显著，造成了社会服务的缺失，当地自我发展的经济和社会基础相对落后。相对封闭的社会环境，使片区缺乏与经济发达地区信息、经济、文化的交流，无论是自我资本积累还是金融信贷，连片贫困地区从市场获得资源的机会都相对较少。

（3）人力资本稀缺。

长期的教育服务缺失和历史影响，导致当地人力资本、社会资本稀缺，贫困的代际传递性、持续性比较强。有能力的年轻人都到外地打工，获得更高的工资收入，返乡的打工者和大学生较少，导致连片贫困地区经济发展中人力资源稀缺。而政府长期的救济式扶贫也造成很多贫困人口“等、靠、要”的思想，缺少自我发展，参与脱贫的主动性。

（4）连片贫困地区产业同质化。

由于相似的地理环境和气候特征，连片贫困地区区域内产业同质化严重，具有特色产业的专业村较少。脆弱的自然环境和灾害频繁，使农业产业化发展难度较大，农产品商品率较低，经济效益差，分散经营的农民与市场无法有效对接，整体上缺乏可持续特色产业，农业生产效益较低。

（5）连片贫困地区涉及多个行政区域扶贫缺乏合力。

根据《扶贫办关于公布全国连片特困地区分县名单的说明》，全国 14 个连片贫困地区涉及 19 个省 680 个县。连片贫困地区跨行政区域的情况造成行政区域间发展规划存在目标和执行中的差异，因此构建统一规划、合理分摊成本、实现扶贫资源规模效益的跨行政区域协同扶贫机制是亟须解决的问题。生态环境恶劣、偏远闭塞、高昂的扶贫成本使按行政区划扶贫的措施效率降低，偏远跨界区域难以得到有效扶贫支持，以县为单位的依托传统开发式扶贫带动农民脱贫的方式无法取得良好的效果，也不足以支撑连片贫困地区特色产业发展和生态环境保护。为了争取国家政策扶持，片区内不同行政区域存在着各自为政、排他性竞争等问题，连片贫困地区扶贫缺乏合力，需要突破传统扶贫工作的路径依赖创新扶贫模式，构建跨区域扶贫的顶层设计，整合多个省级行政部门，实现连片地区综合扶贫项目，协调规划连片贫困地区经济、生态的协同发展。

11.3.2 扶贫是合作社的本质属性

在农民合作社的研究中，大多数学者注意到合作的非营利性、民主性、公平性、互助性、为成员服务性等本质特征，但是忽视了农民合作社具有扶贫的本质属性。合作的本质是弱者的联合，从历史上第一个合作社起，合作的主体都是在市场经济中处于弱势的群体，1844年由28个纺织工人成立了罗虚代尔公平先锋社，目的是增进社员经济利益，改善社员社会地位及家庭境况。当时这些纺织工人的经济处境相对贫困，而合作社则是他们自我扶贫、自我发展的有效组织载体，通过互助、联合投资、民主管理等方式提高成员收入，改善家庭情况，也就是扶贫。所以农民合作社与扶贫有着天然的联系，扶贫可以说是合作社的本质属性之一。从欧美发达国家合作社发展历程可以看出，农民合作社大多是从贫困地区开始发展，如意大利特伦蒂诺合作社、芬兰合作社、西班牙蔗糖合作社、德国亥德斯道尔夫贷款基金协会等，起初的发展目的就是帮助贫困的农民通过合作提高组织化程度和收入，从而实现家庭和产业的经济增长。合作社扶贫能够得到当地居民的积极参与并且可以通过慈善和公益事业得到社会各界和政府部门的广泛支持，所以国外合作社经历百年的发展历史，成为庞大的经济组织，有效促进当地农民收入的提高，并带动和垄断当地农业主导产业成为农民参与市场竞争的有效渠道，有足够的实力与农业企业、跨国公司进行竞争。总结国外合作社扶贫的经验有两个：第一，政府的大力支持；第二，社会精英在合作社发起阶段起到重要的组织和推动作用。

11.3.3　连片贫困地区农民合作扶贫的机理

连片贫困地区农民合作扶贫是政府主导下，协同社会力量，以贫困农民为主体，农民合作社为载体的扶贫模式。在政府、社会帮助下，促进贫困人口的参与合作扶贫组织，由社会精英管理农民合作社从而带动广大贫困农户提高收入、脱贫致富的路径，并保持扶贫可持续性。政府扶贫支持结束以后，保留农民扶贫合作社这个长期的扶贫组织，提高当地农民组织化程度，由职业经理人来管理农民合作社实现合作社的持续发展。这个模式的核心是农民合作社，通过农民合作社作为载体整合连片贫困地区多元化扶贫主体的资源通过特定途径加入农民合作社（见图 11－1），形成扶贫投入的规模化、效益化、科学化、精准化、合作化、多元化。

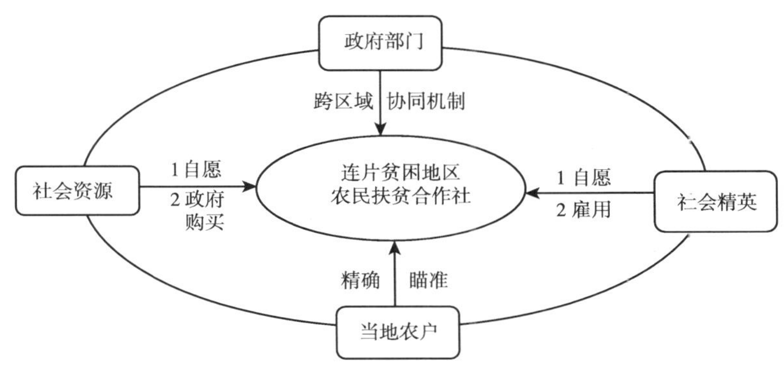

图 11－1　连片贫困地区农民合作扶贫机理

11.4　连片贫困地区农民合作扶贫模式构建

11.4.1　模式构建

根据前面连片贫困地区的贫困共性特征和农民合作社扶贫本质的分析，借鉴国外农民合作社扶贫经验，可以构建连片贫困地区农民合作社扶贫发展模式（见图 11 －2）。第一，连片贫困地区农民扶贫合作模式的顶层设计，由中央和省级行政部门，统一规划连片贫困地区农民扶贫合作社发展框架，构建跨区域扶贫协同机制，涉及同片区省级部门需要承担扶贫投入成本和相应的监管责任，并成立连片贫困地区的合作社指导机构对片区内农民扶贫合作社进行指导和监督、咨询服务，这个管理机构由政府部门、专家和当地农户共同组成，不直接参与农民扶贫合作社的直接运营。第二，在跨区域扶贫协同机制下，搭建政府购买扶贫服务的平台，用这个平台来实现社会资源的引入，适合社会资源运作的项目可由政府资助和购买的形式，向社会招标，如扶贫规划、公共服务等具体项目，用较低成本发挥更好的投资乘数作用，借鉴多种组织形式如 BOT、PPP 等将项目打包交由社会资源运作，充分发挥社会扶贫的广泛参与性，引进社会资金、智力支持。第三，中央和省级政府扶贫资金的支持直接到农民扶贫合作社，并由指导机构进行监督和审计，连片贫困地区需要跨省级区域协同发展，除了中央扶贫资金外，省级政府也要根据扶贫整体规划对农民合作社进行支持和补贴。第四，选聘和雇用农民信任的社会精英来组织、管理和引导当地农民积极参加合作社，通过宣传合作社的公共资产积累、优势、收益、未来发展吸引农民参加合作，成员的资格依据精准扶贫的大数据库实现。第五，农民扶贫合作社根据当地情况结合指导机构建议选择合适经营项目，从消费合作开始，覆盖连片贫困地区的所有贫困人口，逐渐扩展到当地特色优势产业也就是生产合作社，由于同一连片贫困地区具有类似的自然环境和产业结构，因此特色产业可通过会员、土地、劳动力等多种方式入社覆盖贫困人口，从生产上带动农民实现可持续发展，特色产业包括农业、制造业、服务业等，不仅仅局限在农业生产领域。第六，农民合作社功能结构根据当地居民需要和政府整体规划需要不断的扩展，从最初的消费合作、到生产合作，然后扩展到金融合作、社会合作、旅游合作、住房合作、医疗合作、教育合作等方面，全面覆盖连片地区贫困农民的生产和生活，并为当地农民提供在合作社就业机会。第七，鼓励 NGO、社会慈善机构积极参与连片贫困地区农民扶贫合作社的发展，积极引入社会资本参与连片贫困地区的扶贫事业。

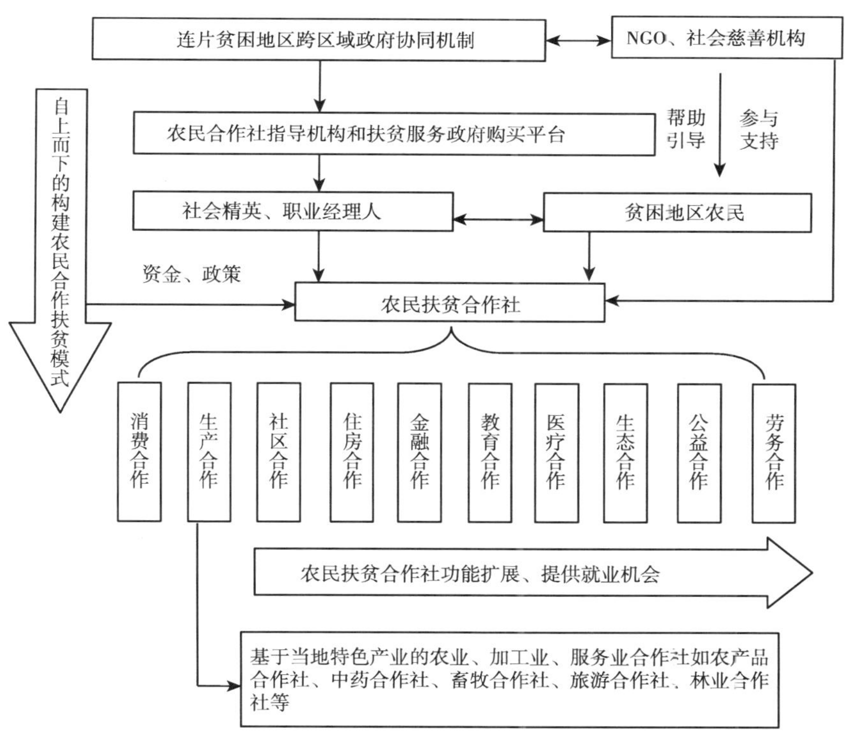

图 11－2　连片贫困地区农民合作扶贫模式构建

11.4.2 连片贫困地区农民合作扶贫模式优势

第一，通过农民合作社强调贫困农户的主体地位，用政府扶贫资金完成合作社初始的巨额公共积累，通过明晰的产权分配到每个成员，让农民看到合作社发展、未来会员分红、合作收益，提升合作收入预期，吸引农民积极主动参与合作社，利用合作社资源实现自我扶贫和发展，合作式扶贫比参与式扶贫更进一步强调扶贫主体主动性，而不是被动参与。第二，连片贫困地区的贫困共性特征适合农民合作社扶贫模式。相似的自然环境和同质化产业结构，有利于农民合作社在片区内扩大规模形成优势产业的规模化，这就需要连片贫困地区跨行政区域的合作和协同发展、合理布局，避免恶性竞争。第三，以合作社为载体发展社区公共服务如卫生、医疗、住房、信贷、教育、交通等公共基础设施有利于节约成本，并可以根据特色产业聚集区的发展路径，进行搬迁、移民扶贫，根据产业发展需要投入公共基础设施，提高公共服务的针对性和投入产出效应。第四，连片贫困地区农民扶贫合作社由政府资金支持雇用社会精英、职业经理人来管理农民合作社，或者从多渠道引入高素质、有威望、具有专业知识的管理人才，以可持续提高成员收入、满足成员需要为目标进行管理，解决当地经济发展中人力资源短缺的情况，可引进的人力资源包括大学生、当地农村精英、退休干部、研究人员、返乡创业人员等。第五，农民扶贫合作社是一个可持续发展的扶贫载体，不同于单一的扶贫项目，单一项目结束以后可能出现返贫现象，农民合作社是一个自我发展的经济主体，可持续的经营是组织存在的前提条件，也就是为贫困人口提供了一个持续、长期扶贫机构而不仅仅是一个短期的扶贫项目。第六，从顶层设计中构建连片贫困地区跨省级协同扶贫机制，统一战略规划，整合同一连片贫困地区的扶贫资源，直接投入以农民扶贫合作社为主要载体扶贫组织中，提高决策效率，减小科层损漏、资金挪用的概率。在顶层设计中，政府部门通过扶贫购买平台，实现与 NGO、社会扶贫资源的对接，充分调动多元化扶贫社会资源进入连片扶贫地区的农民扶贫合作社。

11.5　连片贫困地区农民合作扶贫模式发展建议

11.5.1　跨区域政府协同扶贫机制的构建

连片贫困地区扶贫问题不仅是经济问题，还涉及少数民族发展、生态环境保护、国家主体功能区、社会公共服务等多个任务的综合交叉，仅仅依靠单个县级行政力量无法有效地从宏观上把握连片贫困地区的整体规划和方向，容易产生扶贫资源投入的重复、无效性，自然资源的过度开发，片区内县级行政相互竞争性、重视局部而忽视整体的情况。为有效提高连片贫困地区的总体扶贫工作的整体效益，需要构建跨区域政府协同扶贫机制，由中央和省级行政机构共同构建，主要目的是推动涉及不同省份的片区统一规划和发展，通过科学规划和协商达成省级协同机制共同推进片区扶贫工作，各省级行政区域分工承担相应投资、成本、监管责任，形成连片贫困地区扶贫资源共享、整合的效应，达到特色产业发展、交通设施建设、公共服务建设、人口迁移布局、小城镇建设等集约化、规模化，整体扶贫效益的最优化。具体的组织形式可以包括省级扶贫部门协调会议、省长扶贫论坛、构建非官方的指导机构等。

11.5.2　政府扶贫服务的购买平台

扶贫工作虽然由政府主导，但政府并不是唯一的扶贫力量，通过构建扶贫服务的购买平台可以吸引更多社会扶贫主体参与到连片贫困地区扶贫事业中来。社会慈善机构、NGO、企业、社团、高校、个人等都可以成为扶贫的参与者，通过这个平台政府可以购买在“市场失灵”或者“政府失灵”情况下更适合由社会主体来实施的扶贫项目，一方面解决政府部门扶贫工作人力资源不足的情况；另一方面可以调动多元化扶贫主体的社会资本、人力资源和智力支持，吸引更多社会资源进入扶贫事业中，并通过竞争方式节约成本，提高工作效率。

11.5.3 雇用社会精英参与管理农民扶贫合作社

扶贫工作与农民合作社发展需要大量的人力资源投入，农民扶贫合作社可持续发展需要当地社会精英的积极参与。特别是在合作社初期，优秀的发起人和管理者是合作成功的重要保证，不仅提高当地农民参与合作社的信任度和积极性，更是为合作社经营效益提供强大的人力资源和社会资本支持。因此，除了自愿参与农民扶贫合作社的合作企业家外，政府、农民合作社需要投入必要的预算，雇用具有专业知识、管理技能、社会资本的社会精英或职业经理人参与扶贫合作社，改变传统扶贫思维中注重物质投入忽视人力资源投入的路径依赖。在调研中，很多农民或者合作社管理者反映，仅仅依靠农民自己的知识结构和社会资本不足以支撑扶贫项目或者合作社的可持续发展，雇用社会精英需要支付较高的工资但是他们可以为农民扶贫合作社创造更多的价值。社会精英包括当地农村能人、返乡创业者、当地大学毕业生、政府部门退休人员、高校科研人员、职业经理人等多种类型人才，具体工资额度需要进一步调研和计算。

11.5.4 激励多元化社会资源进人扶贫事业

“十三五”规划纲要指出：“鼓励支持民营企业、社会组织、个人参与扶贫开发，引导社会扶贫重心下移，实现社会帮扶资源和精准扶贫有效对接。”多元化社会资源进入扶贫事业，需要相应的激励措施，包括精神激励和物质激励。政府要制订相关的鼓励措施和优惠政策，创造合适途径和渠道，充分发挥财政资金乘数作用，通过贴息、奖励、风险补偿、税费减免抵扣等措施，支持外部人力资源、资本、社会资源进入农民合作社发展。税收优惠是慈善事业有效发展的激励杠杆，提高捐赠纳税抵扣比率，完善企业捐赠公益事业所能享受的优惠政策，扩大免税的非营利组织数量，将有利于促进社会资源进入扶贫事业发展中。农民扶贫合作社内部激励中可以通过合理股权分配、土地确权，盘活农村、农业生产资产，促进土地流转、以农民参与合作的方式，将土地流转到合作社经营中，发挥土地规模经营效益，激励农民参与合作、参与管理的积极性，建立农民合作扶贫模式可持续发展的长效机制。

11.5.5　保持农民扶贫合作社独立性与合作原则

传统的扶贫方式对政府部门过度依赖，从项目的选择、实施，都是由政府部门决策，扶贫管理部门拥有大量资源。为了得到这些项目，下级扶贫机构也逐渐成了附属组织。这样的扶贫方式往往忽视扶贫主体——当地农民的需求，政府决策的扶贫项目也不一定结合当地的需求，造成资源的无效投入。农民扶贫合作模式应突破传统扶贫工作的路径依赖，给予扶贫主体相应自主权，提高其自我发展积极性，因此农民扶贫合作社需要保持独立性与坚持合作原则。在农民合作扶贫模式中，跨区域政府协同扶贫机制会科学编制连片贫困地区统一规划，中央和省级的资金直接下发到农民合作社中，并由合作社指导机构进行监督和审计，指导机构不直接干涉合作社内部经营管理事务。农民扶贫合作社将参考管理机构的建议并独立选择适合经营项目，管理中坚持民主、公平的合作原则，“一人一票”的决定农民扶贫合作社的重大事项。

农民合作社
发展模式
研究

Chapter 12

第12章 农民合作社的区域综合模式

12.1　目前我国的农民合作社模式

我国农民合作社呈多元化发展趋势，理论界对其模式的分类也是众说纷纭（农民合作社以下简称为农业经合组织）。有的学者按照其涉及的行业分为：专业性和综合型；有的划分为：生产型、流通型和混合型；笔者按照农民合作社的建立途径分类，将突出体现农民、企业和政府三者之间的关系和各自的作用，分为政府组织模式、企业组织模式、农民自发模式以及本书提出的区域综合模式。

（1）政府组织模式。其特点是“官民结合”，由政府主导派遣涉农的技术、经济部门的少量骨干，与农民一起共同组织“农业服务协会”。按服务功能和产品类别不同，分别成立“综合农协”和“专业农协”。综合农协主要为农户解决产前、产中、产后服务；专业农协侧重围绕主导产品发展，办一体化经营的实体，为专业农户提供服务。

（2）企业组织模式。它以某个经济实体为龙头，以利益机制为纽带，通过合同形式将生产者、加工者、销售者结成风险共担利益均沾的经济联合体，龙头伸向国内外市场，龙尾摆向千家万户，架起了小生产与大市场之间的“桥梁”，无疑是对家庭联产承包责任制的发展与完善。“公司＋农户”经营模式，把生产、收购、加工、贮藏、运输、销售等各个环节以经济利益为纽带连接起来，形成专业化商品化生产体系，促使生产要素的合理流动和优化组合。

（3）农民自发模式。农民自发模式主要以农业专业户自发组织的各种专业协会为主。由从事同类产品生产经营的农户（专业户）自愿组织起来，在技术、资金、信息、购销、加工、储运等环节实行自我管理、自我服务、自我发展，以提高竞争能力、增加成员收入为目的的专业性合作组织。它的发展是建立在家庭承包经营基础上，不改变现有的生产关系，不触及农民的财产关系，适应了农村的改革与发展。

12.2 农民合作社模式的比较

（1）在政府组织模式中，行政色彩较为浓厚，主要起监督的作用。政府从其职能出发设置了农业经合组织以促进本地农业经济的发展，容易忽略农民合作社发展的规律。而政府对经济的宏观指导作用和政策的倾斜，会吸引一些企业服从指导加入农业经合组织以获得贷款和税收的优惠，这些农业经合组织在政治和经济地位上都有一定的优势。但是当政府的政策改变，这些协会就会陷入困境，面临着解散的命运。

（2）在企业组织模式中，企业占据主导地位，企业通过契约的形式将农民与市场联系，在一定程度促进当地农业经济的发展，由于信用制度不完善，企业和农民很容易为了追求短期的利润最大化而放弃契约的履行。虽然“公司 + 合作社 + 农户”的模式在一定程度缓解了这个矛盾。但是公司和农户毕竟是两个利益的主体，在一定条件下双方的矛盾还是会激化。

（3）在农民自发组织模式中，由于农业经合组织的法律地位没有确立，在市场竞争中难免处于不利的地位。各个政府职能部门如农业、工商、税务对农业经合组织多头管理，不利于其发展。自发的农业经合组织没有政府的支持，在社会地位、经济地位上都受到影响。此外，农民的素质普遍偏低，虽然选举出可信任的领导，但是其思想上还广泛存在着对农业合作社错误的认识和局限性。农民自发模式的农业经合组织，制度上有很大的局限性。

农民合作社模式的比较如表 12 - 1 所示。

表 12－1　　农民合作社模式比较

		政府组织模式	企业组织模式	农户自发组织模式	区域综合模式
建立机制	创办者	政府	企业	农民	Bot 模式
	定位	辅助政府兼有服务性质	服务性质	服务性质	私人经营转为农业经合组织
决策机制	决策者	政府主管或委派人员	企业领导兼理事会成员	理事会成员	理事会成员
	工作人员	政府超编退休人员	企业员工和村民	选举聘任	选举聘任
经费	会费来源				
	企业捐助	很少	较多	较多	较多
	服务性收费	很少	较多	较多	较多
	政府资助	有一定补助	较少	较少	有一定补助
与农民的关系		行政领导	合同契约	自发联合	农民联合经营
农民态度		无所谓，不积极	投机性积极	积极	积极
对政府的态度		希望政府财政支持，有更多的行政职能	希望有一定的行政职能和政策的优惠	希望政府支持法律、政策、其他	希望政府支持法律、政策、其他
政府的权力移交		有一定的职权	没有	有少量职权	有一部分职权
行政权力“寻租”		普遍存在	基本没有	积极寻求	积极寻求
生命周期及其主要影响因素		不稳定，依靠政策的导向	不稳定，依靠市场供需的变化	长，依靠于农民合作需求	长，依靠农民合作需求

12.3　区域综合模式的提出

通过对目前农民合作社模式的比较，提出了“区域综合模式”，这种模式可以综合以上三种的优势弥补其不足，解决目前农业经合组织的问题。

区域综合模式的组建。将BOT投资模式引入农业经合组织的发展中，是从项目开发的角度研究农业经合组织。这种思维的运用也有利于农业经合组织长期的发展，在建立的初期就考虑到产品的市场需求、价格、竞争、销售方面的问题，因为投资者最为关注利润，有较好的获得利润的预期才能吸引更多资金的投入。BOT项目的目的是建立农业合作社、农业股份制企业或集体农业企业，借此建立农业生产一体化的经营模式，形成生产、销售、服务综合性的农业企业，为最终接管的农业经合组织打下良好的基础。

(1) 政府设计或者投资者设计项目，经过专家对项目进行技术、经济及法律上的可行性研究，确定哪些项目适合采用BOT方式建设，进行立项，向社会公布项目。将这些项目推荐给当地农民和政府，并通过协议租用农民的土地或者购买土地的使用权。以村或乡镇的一定规模的土地作为开发特色农业项目的基地，以满足农业标准化生产的规模要求。

(2) 政府应将招标的有关条件及要约条件制作成文件，选择有意参加项目投资的企业、金融机构或者财团，让他们对项目建设经营及贷款等问题提出方案和建议。政府对收集所得到的上述方案和建议等进行综合评价、分析和比较，在此基础上选择那些资金技术实力雄厚、信誉良好、具有承担此类项目工程经验的外商或民营企业及信誉较好的贷款机构合作。

(3) 由投资者实施项目的建设，并进行对相关农业生产基础设施的改造，如建立大规模的农业生产基地、农产品加工企业的组建、农产品销售的市场网络等。政府依照与投资者的合同对项目的发展提供一些优惠政策，如税收、担保、产品的特许经营等，确保投资者在特许期间能够得到相应的利润。为了确保农民的利益，以及特许经营结束后农业经合组织的发展，在合同中要明确指出项目的发展建设主要雇佣当地农民并对其进行培训。这样不但扩大了农民的就业机会也为农业经合组织今后的发展培养了后备人才。

（4）最后在特许经营期结束后，投资者将按照约定将设施转让给特许机构，政府应当及时确定现有资产的产权，由出售、入股、无偿转让等方式转交给农业经合组织管理，如果由政府出资购买转交，应当确定政府的产权并逐步转让给农业经合组织。政府帮助农民组建农业经合组织以顺利接管这些资产，并交给农民管理。这里的特许机构除了政府外也可是农民团体，由于农民外出打工增加，很多农地闲置，农民团体也可以将土地授权给农业企业。农业企业以 BOT 模式收编闲置资源建立经济实体，还可以低成本扩张，而且农民最终也会得到所希望的经济利益，从而实现农户、投资者、政府三方的共赢。

12.3.1　目的和功能

区域综合模式对合作组织的成员来说是服务性的，以降低社员的交易、信息获取的成本和提供公共性物品的服务为主要目的。其功能有：（1）向会员提供产品信息和服务满足他们减少交易成本的需求，对外采取统一行动维护会员的利益。（2）区域综合模式将进一步发展成为农民投资的工具。对于本社的成员来说可以为自己解决生产、销售、品牌的问题，是一个最佳的投资选择。农民加入合作组织不仅减少了成本的支出而且可以通过股金的二次分配获得收益，合作组织成为农民增收的手段。这样增加了农民加入合作组织的积极性，有利于其长远发展。（3）协助政府有关部门制订本地农业的发展规划和规范市场的运作，贯彻政府的政策。（4）协调会员间的关系，防止不正当的竞争，并对会员进行定期的培训。

12.3.2　区域综合模式的运作和管理

这种模式具有明显的有限责任公司化倾向，更有利于综合利用各种资源，促进农业经合组织的发展。但是与普通有限责任公司最大的不同是，它坚持了合作组织投资主体和业务利用者相统一，而不是相分离的本质特征。合作组织的管理上和现代企业制度管理相似。一般设有：社员大会、社员理事会、经理及其管理层。（1）社员大会为最高决策机构，所有社员代表权利均等，一人一票。合作组织章程的制定、组织机构的设置、各项规章制度的建立以及生产经营活动中的重大问题，均由会社员大会讨论决定。（2）社员大会将选举出社员理事会处理合作组织的日常工作，体现了“民办、民管、民受益”的原则。（3）规范内部监控机制。社员理事会作为组织内部的监察和监督机关要对重大业务等进行监察和监督，并定期向成员公布。（4）建立规范公开的财务管理制度。

12.3.3 产权和分配制度

在特许经营结束后，农业经合组织将接管私人经营的企业。区域综合模式的产权是归合作组织的成员共同所有，社员将自己一部分的资产纳入合作组织的公共资产中，或者投入一定的资金作为股份以获得入社的资格，并凭借股金的投入确定合作组织利润的分配比例。合作组织将限制社员的股份防止少数人为了控制合作组织而恶意收购，合作组织的股份将不得私自转让，社员退出只能出让给本合作组织。合作组织建成以后，对后来的加入者将收取一定的股金和入门费，以保持公平性。利益共享是合作经济组织健康发展的关键，要正确处理好与农户的利益分配关系，健全利润分配制度，明确积累和返还利润比例。通过制订市场指导价、规范会员的市场行为、开展与政府对话、代表农户与企业谈判等方式，维护会员的合法权益不受侵犯；通过“产销订单”“最低保护价”“随行就市”等形式，实行初次分配；通过股金分红和按照交易量等因素向社员二次返利；通过“股份分红”或“按社员提供产品数量或价值分配”等形式，分配合作经济组织的经营利润。

12.4　区域综合模式合理性分析

12.4.1　符合政府、农民和私人投资的需求

从政府的角度看，区域综合模式的建立采用 BOT 模式，可以缓解政府农业投资的缺口，政府通过 BOT 方式将基础设施的建设、经营、管理权有条件地让渡给私人投资者，可将原来必须由政府承担的费用转由私人企业承担，而将节省下来的资金用于其他项目的投资与开发，从而减轻了国家的财政负担；农民在特许经营结束以后可以得到所需的农业经合组织，并拥有完善的农业生产、加工、销售的经济组织；私人投资在特许经营中也得到了相应稳定的投资回报；从而达到三者共赢的局面。

12.4.2　提高政府农业宏观调控的工作效率

政府将不再直接参与农业生产投资经营，而是运用经济政策、经济杠杆等手段实行间接调控。避免农业投资大而全、小而全低效投资的局面，保障农业生产设施规模和结构的均衡发展，满足其发展的需要合理利用政府的支持。农业经合组织的发展有利于政府对农业宏观调控，减少政府补贴农业工作成本，加速农业政策的落实。由于我国目前还没有关于农业经合组织的法律，“区域综合”的模式可以合理地利用政府的支持，吸取政府组织模式的优点拥有一部分政府的行政职能如：规范市场规则、享受优惠政策、争取更多资源以及获得更高的社会和经济地位等。联合的农民组织也可以从政治、经济上获得更多利益，影响国家政策的制定和促进相关法律的出台。

12.4.3 避免信用机制的缺陷

根据发达国家的经验，当农户选择与企业合作还是自己拥有企业以获得进一步加工、运输的利益时，农户会选择由农业经合组织来开办工厂满足需要，会获得更大的利益。区域综合模式中农民为了获得农产品加工、运输、销售的利益会自己组建加工厂。这样就避免了由于农民和公司作为两个利益主体所带来的矛盾冲突以及信用机制的缺陷可能带来的损失。

12.4.4 贫困人口的发展效应得以在项目前期体现

区域综合模式的另一个重要目标是致力于贫困人口发展机会的开发。解决贫困人口发展问题的关键在于提高贫困人口的发展技能，农业经合组织采用 BOT 方式进行农业生产基础设施建设中，要在合同中规定对当地农民的雇佣和培训。这样不仅为当地农民创造就业机会，提高了农民发展技能，又为政府增加财政收入，为当地引进先进的技术和管理经验等。

第13章　积极发挥基层党组织在农业合作中的作用

13.1　发挥基层党组织在农业合作中作用的必要性

在农民合作社的创建和早期的发展中，具有合作思想的熊彼特式的企业家是必不可少的，他们意识到农业合作的优越性，并身体力行，将同业者及相关利益者带动起来，创办农民合作社，以平等互利的方式推动自身事业的发展，个人业务发展扩大的同时为伙伴贡献了自己的技术、市场和经营组织等资源，体现了“我为人人，人人为我”的合作精神。因此，在实践中我们可以看到，热心组织和参加合作社的人往往是弱势群体（市场竞争中处于不利地位的农产品生产者）中的那部分具有一定经济规模、农产品生产市场化、商品化程度较高的专业大户，他们理解农民合作的需要所在，愿意面对风险，能够承担一些农民合作社的创业和运作成本。农业合作企业家是农民合作社的成功地关键，具有创新精神的农业合作企业家往往内生于农村经济社会系统中，这些人是一些具有合作意识和合作知识的“农村精英”，他们扎根于乡村复杂的社会关系中，便于与农民沟通，或者本身也具有一定的资本积累，或是能够获得要素资源。但是由于我国新型农业合作发展比较晚，具有高文化和经营能力的农村劳动力已经流向城市或者成为私营企业家，在农村从事农业生产的农民群众中相对缺乏优秀的合作人才。尽管在我国农民合作社发展进程中，政府、涉农机构、农业企业等各类主体积极发起农民合作社的建设，增加有效制度供给，一定程度上可以替代农业合作企业家初期的作用，但是这些作用长远上看并不一定有利于农民合作社的发展，总的来说，我国农业合作企业家是比较缺乏的。目前我国农民合作社按照发起的情况分类可以分为三类：农民自发、企业发起和政府发起。

在调查统计的 17 个省区市的 57000 个农民合作社中，农民大户自发的比例为46.83%，企业牵头的比例为13.85%，政府组织的比例为35.18%，其他的为4.14%。从数据看出，我国农民合作社中农民自发组建的还不足50%。农业合作组合发展到成熟期后，将面临着更多、更为复杂的问题，合作组织的人力资源将发挥更为重要的作用。（1）市场竞争。我国加入WTO以后，农业生产的风险增强、面对的竞争从国内扩展到国外，农产品的竞争也就是各国农民合作社的竞争，国际贸易、市场营销的人才是不可缺乏的。（2）决策成本。农民合作社不断地发展，必然要进行投资。由于农业合作社剩余所有权不能因成员退出而转移，未来收益不能被现在的所有者完全得到，当投资的预期超过他们预期的成员资格期，这些成员将反对这种投资，只是考虑眼前利益。此外，社员的异质性如风险偏好、资本价值等将影响投资方向，成员间的高异质性会导致决策成本的较大，合作经营者难以决策到底听谁的意见，合作内部将产生更高的内部交易成本，甚至合作组织的分解。（3）农民合作社发展方向。目前农民合作社发展有明显的企业化倾向，如何在保持合作性质的基础上对内服务对外获取利润，是农业合作道路上面临的困难。（4）委托人和代理人之间的矛盾。从国外的合作实践看出，由于集体所有权的主要特质是组织成员丧失了管理组织兴趣和能力的风险，合作组织的管理者享有很高的权利导致了合作组织领域低效的经理市场，聘请职业经理人容易产生较高的代理成本。所以农民合作社进入成熟期以后，更需要具有合作意识的企业家，否则将难以解决以上问题。

在发展农村经济中，党员往往发挥着模范带头作用，农村党支部也是农村精英较为集中的组织。由于农业合作企业家的缺乏，使农民合作社的发展受到了影响，因此积极地发挥基层党支部的作用是非常必要的。首先，这是农村基层党组织的地位和作用决定的，“党的农村基层组织是党在农村全部工作和战斗力的基础，是农村各种组织和各项工作的领导核心。”其次，农业、农村、农民问题，是关系改革开放和现代化建设全局的重大问题。我们党历来高度重视农业和农村工作，形成和确立了党管农村工作的优良传统和重大原则。最后，当党员经过培训以后可以充当农业合作企业的角色，他们具有天然的合作意识，对本村的经济又比较了解，在开展农民合作社的创建和管理中，比较容易得到当地农民的信任，以党员为核心的农民合作社更容易与政府职能部门沟通，获得较多的支持。在实践中，基层党支部在农民合作社发展中已经起到了积极的作用，四川省就出现了基层党支部带领农民组建农民合作社带领农民致富的案例。

13.2　以党员为核心的农民合作社的优越性

实践证明，坚持农村基层党组织的领导，是做好农业和农村工作的根本，是巩固基层政权的保证。在新的历史时期，随着农村经济体制改革和民主政治建设的逐步深入，各种利益关系正在进行大调整，经济、社会生活中的各种问题和矛盾集中暴露出来。在这种历史条件下，坚持农村基层党组织的领导核心地位，更加重要和迫切，必须坚定不移，不能有丝毫动摇。在农民合作社发展中，最终重要的是坚持合作组织“民主”的性质，“一切从群众中来，到群众中去”是我党工作的一贯方针。以党员为核心的农民合作社更是要关心农民需要什么样的合作，他们既要倾听群众的呼声，了解群众的意愿，体察群众的情绪，又要集中群众的智慧，代表群众的利益，解决群众的困难。在开展农业合作的工作中，党员只有心里装着群众，凡事想着群众，工作依靠群众，一切为了群众，才能赢得群众的信赖、支持和拥护。

传统的农民合作社是由农民自发组织起来的，由于个体经济经营的农民在市场中的交易成本和风险都比较大，为了实现规模经济、外部性内部化、降低风险和交易费用等“外部利润”，农民合作社应运而生。为了确保农民合作社的合作性质不被少数人控制，传统的农民合作社采用了“一人一票”的管理方式即民主管理。不少学者在研究中也都明确指出我国农民合作社应当坚持在合作社定义和原则当中“民主管理”，这也体现出农民对农民合作社有强烈的参与管理愿望。而在我国农民合作社中由于种种因素存在合作异化的现象即农民很少直接参与农民合作社的管理，这也是由我国的具体国情决定的。目前大多数农民的合作意识和经济实力还没有达到自发联合形成农民合作社的地步。我国农民合作社成员数占乡村户数的总比例为 5.27%，各省区市中比例超过 10% 的只有北京（34.92%）、陕西（13.93%）、吉林（11.11%）。从国内一些文献和笔者的调查中可以看出，农民合作社的人力资源主要由农业大户、政府职员、私营企业家组成。由于资本的紧缺，合作组织的管理还是基于股份的比例，大多数农民被排除在农民合作社管理者之外。

在农民合作社发展初期，这些形式的农民合作社是应该加以鼓励的，可以充分利用这些农村精英的经济和社会资源带动广大农民加入农业合作。但是如果管理权利长期集中在少数人手里，就背离了农业合作的本质，而且这些由农业大户或者企业发起的农民合作社往往带有浓重的股份制色彩，当农民合作社发展到一定阶段很容易向私营企业转化，农民依然回到“公司 + 农户”的处境，只是这个中介组织相对稳定。此外，政府发起的组织中大多还是由领导担任兼职，这种变相的参与也不利于农业合作长远发展。政府的参与使合作组织发展的初期能有效得到政府的支持和保护，但是当合作组织发展到有足够的经济基础时，政府职能部门会要求产权的收益从而与农民合作社产生矛盾。在农民合作社兼职的领导也面临着农民合作社和政府职能部门之间的选择，如果不能正确处理这些矛盾，农民合作社将面临生存的危机。在以党员为核心的农民合作社中，村党支部的利益与广大农民的利益是一致的，这些党员本身就是从农民的精英中选拔出来的，因此这种合作组织可以很好地解决由于集体产权而造成不同所有者之间的矛盾。

13.3　如何发挥基层党支部在农业合作中的先进作用

（1）加强自身建设。高素质的党员队伍是体现党的先进性的组织保证。政策路线确定之后，党员干部就是决定的因素。党的所有工作、所有任务，要靠各级干部带领广大党员和群众去落实、去实现。党的先进性决定党员干部必须具有先进性，而党员干部的先进性又保证党的先进性，党的先进性要通过党员干部的先进性来体现。我们党只有建设好一支符合时代要求的、高素质的队伍，才能承担起领导中国特色社会主义事业的历史重任，才能永葆先进性。在提高基层党员素质的培训中不仅要培训其经营管理的能力，更加要培养起合作意识，真正领会到合作的本质。

（2）以党员为核心加大新型农业合作的宣传力度。根据我们的调查，相当多的农民和地方干部对新型农业合作组织不了解，这也影响他们加入农民合作社的积极性。由于农民的自身素质和新中国成立初期合作化运动的负面影响，农民对新型合作组织存在一些疑虑，即使加入了农民合作社，大部分也只是为了提高经济收入，在他们看来，合作组织和市场上其他的中介商并没有什么不同，只是更稳定、规模更大而已。所以基层党组织成员应该利用本身在农民中的威望，对合作组织进行宣传，使农民认识到合作是农业发展的必经之路，是农民自己的组织，以增强农民参加农民合作社的积极性。

（3）以基层党支部为基础创办农民合作社。基层党支部应当运用自身的优势即利用自身的经济和社会资源帮助农民创建和管理农民合作社，充分发挥党在人民群众中的威望，在合作组织的经营中坚持以农民利益为核心，尊重农民在农民合作社中的权利。坚持农民合作社中的“资源开放、民主管理、经济参与、自主和自立、教育培训、社际合作和关心社区”七个基本原则，使农业合作成为真正意义上的农民自身的组织。

第14章 农民专业合作社风险管理研究

14.1　引　言

农民专业合作社的研究对于促进我国农业产业化进程、农村经济发展、农民收入水平提高都有着积极的意义，在实践中合作社已经发挥了引导农村经济发展的重要作用。农民专业合作社运营方式、产权形式与股份制公司有很大不同，有其独特的管理目标和经营方式，合作社管理者面临的风险也与股份制公司有一定的差异，简单地用公司风险分析方法研究农民专业合作社的面临的风险是不妥当的。从农民专业合作社发展的趋势上看，量变引起质变，下一阶段农民专业合作社将进入规模扩张阶段即数量的减少和质量的提高，规范、实力强的合作社将生存下来参与市场竞争，经营不善的则面临着改革或被合并的命运。现阶段的农民专业合作社和其成员将面临着外在的和内生的风险，如生产风险、市场风险、组织风险、自然灾害、金融风险等，如何应对这些风险关系到农民专业合作社发展成败以及成员自身利益的得失；关系到我国农民专业合作社能否在激烈的国内和国际农业竞争中获得立足之地；关系到农业产业化进程、农村经济发展、农民收入提高乃至“三农”问题的解决。

14.2　国内外研究现状

目前国内外学者对农民专业合作社风险研究比较少。Mark（2007）根据对美国奶制品合作组织的调查，认为对于奶酪产品联合的前向、交替和现金市场策略，有潜在地促进合作组织最终的成员层次风险回馈，有效地使用风险管理工具增加负债，避免破产成本，预防资产预算的扭曲决策保持农民合作的市场价值。Ethan（2009）通过改进 Kimball 提出的股份分配制度提出了让大小生产者都能接受，并且有利于吸引新的加入者分配制度降低了组织风险和生产风险。Dirk（2007）分析 1998—2002 年欧洲 15 大奶制品合作组织的规模扩张，认为由于风险厌恶程度较高和资本有限在扩张中农民专业合作社更喜欢通过合并、合作协议、联合风险的扩张方式，这样降低组织规模扩张的执行风险和相关成本、市场风险。Manfredo（2003）认为合作社很难迅速适应现有的风险管理工具，需要运用一些刺激手段使传统和创新的风险管理能够影响农民合作社的财务表现。Byrne（2005）通过对一个花生合作社的调查，模拟了内在和可能的风险管理策略对合作社的影响以及可能的收益和成本的变化。Manuel（2004）研究了西班牙蔗糖合作社从 1944—1998 年的发展经历，说明农民合作社由于会员的支持内部存在一种稳定系统，能够抵抗风险保证组织稳定。Bielzaa（2007）通过比较期货市场、远期合同和保险三种可选择的风险管理工具在西班牙土豆合作社的运用，认为：西班牙土豆收入税收津贴决定了风险管理工具的运用和选择；土豆补贴效率比较低；期货市场并不是划算的防范风险的手段。

国内对农民专业合作社的风险管理研究也相对缺乏，缺乏系统专题研究，郭红东（2006）、何嗣江（2007）、梅德平（2009）分析了订单农业的风险和履约机制完善，认为“公司 + 合作经济组织 + 农户”更有利于降低农户风险。李永山（2009）提出了农民专业合作社与期货市场结合避免农业产业风险的模式，将风险管理工具运用到农民专业合作社发展中。对内部风险，郭红东和蒋文华（2004）、石敏俊（2004）通过 LOGIT 模型对影响农户加入农民专业合作社意向的分析表明成员对组织发展和稳定的重要影响。罗必良（2007）分析了农民专业合作社中偷懒行为和监督机制作用，对内部管理风险提供了有益参考。黄珺（2007）研究了成员异质性对组织影响，从另一个角度揭示了组织内部的风险。于华江（2006）分别从多渠道探索农民合作经济组织的筹资问题，为融资风险解决提供参考。刘宇翔

（2010）研究了农民专业合作社成员投资意愿的影响因素分析，从内部融资的角度分析了农民专业合作社的融资风险。韩国明（2013）从农户服务需求的角度分析“合作难”的原因和风险。

简要评述：国外农民合作理论和实践水平是比较先进的，将合作社的本质概括为劳动者基于自愿联合、共同拥有和民主管理的经济联合关系。对于合作社风险的研究中并从农业保险、期货市场、多元化投资、规模扩张、股份改革、组织内部管理的角度分析各种风险的控制方法和工具，比较不同风险管理工具的成本收益，提出了很多建设性的意见。国内研究对于风险研究不够深入，主要是从成员意愿、组织管理、融资、市场营销、期货保值等视角对国内农民专业合作社的一部分风险进行研究。前人研究的不足在于：国外农民合作社风险研究中，侧重于对规模扩张、财务管理、金融工具的研发和运用，这对于成熟的市场与合作社比较适用，缺乏从成员特征、组织特征、需求出发的风险管理工具的研究，这些研究成果对现阶段我国农民专业合作社适用性还有待于进一步检验，不能盲目照搬，毕竟我国农民专业合作社还处于初级阶段。在国内现有的研究中，对于农民专业合作社风险管理研究比较散乱，还没有形成体系和结构，多数研究只是针对一种风险提出建议，但对农民合作发展和整体风险管理认知不足，对于风险管理工具和风险规避方法的研究还有待于深入。本书的创新点在于将农民专业合作社风险作为整体和系统，分析现阶段我国农民专业合作社面临的风险特征并构建风险管理体系，整体上控制预防风险发生，而不是针对单一风险，为合作社管理提供合作社运营整体风险解决方案和建议。

14.3　农民专业合作社风险管理体系

农民专业合作社风险管理体系是一个信息交互的系统，围绕组织的管理目标，分为三个维度，如图 14 – 1 所示。(1) 管理组织，风险管理的载体和执行机构；(2) 信息系统，收集信息、预警、评估、反馈；(3) 风险工具系统，为决策者提供可行的方案。农民专业合作社的管理目标是为成员提供最好的服务和创造最高的收益，这与企业追求利润最大化目标有明显差异；民主管理是合作组织的特点；信息系统是风险管理体系重要组成部分；多元化的风险管理工具是农民专业合作社风险管理的重要组成部分。

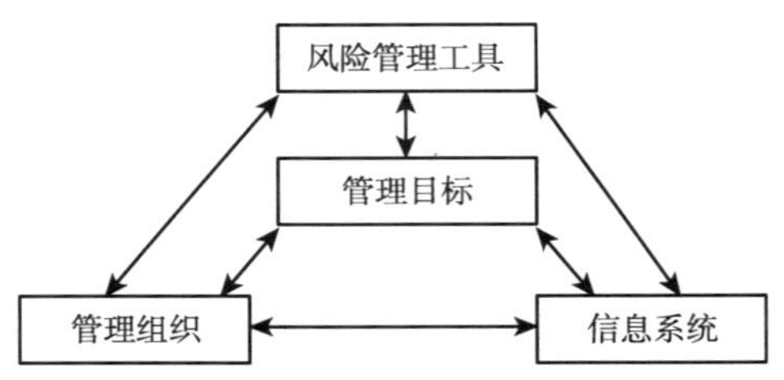

图 14 – 1　风险管理系统框架

从风险管理流程上看，农民专业合作社的风险管理与企业没有太大的区别。如图 14 – 2 所示，但是由于农民专业合作社内在的独特性决定它的经营目标、所有制结构、管理原则等方面和股份制企业具有显著的不同，这就决定了农民专业合作社发展的风险的特殊性。第一，在组织目标上，农民专业合作社的目标是满足成员需求为成员服务，对内不以盈利为目的，而企业则是纯粹以利润最大化为目的。第二，在产权制度中农民专业合作社的成员以农民为主体，农民成员必须占到成员总数的 80% 以上而且股权平等，资本的比例受到限制，合作社的财产将会量化到农民个人名下；股份制企业成立的基础是资本，没有对出资人身份及所占比例予以限制。第三，管理方式，管理上的农民专业合作社实行民主管理“一人一票”，成员地位平等；股份制企业则以股份为基础实现管理的权限，股份最大的股东拥有最强的发言权。第四，服务对象不同，农民专业合作社以本社成员为主要服务对象，提供产前、产中、产后的技术、信息、生产资料购买和农产品的加工、销售、运输、贮藏等服务；而企业面向社会提供产品或者服务。第五，盈利分配方式，农民专业合作社盈余分配的基础是成员与合作社交易量，即“按惠顾额返还盈余”；而企业则按照股东出资比例分配盈利。第六，参与方式，农民专业合作社成员加入自愿、退出自由，成员退出时，可以带走自己加入时的出资和记载在其账户内的由公积金形成的财产份额。而企业法人的股东一般只能以转让股份的形式退出，这种退出并不带来企业法人资产的减少。第七，主体角色不同。成员在农民专业合作社中是所有者与使用者的统一；股份制企业里是股东仅是所有者身份。所以尽管在风险管理体系和流程上，农民专业合作社与股份制企业类似，但是在具体的经营风险中还是有很大的差异。

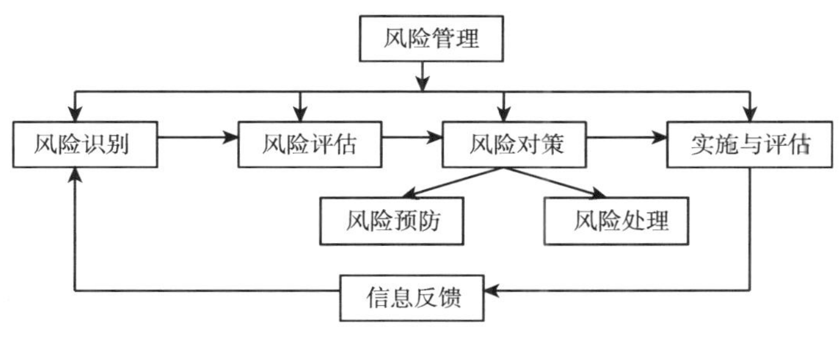

图 14－2　风险管理流程

14.4　农民专业合作社风险分析

14.4.1　社会环境风险

社会环境风险包括政府政策及执行力度和社会认可度。尽管政府部门每年都出台促进农民专业合作社发展的政策，包括税收、信贷、补贴、其他政策支持等，但是根据课题组调查在基层的农民合作社中，这些政策缺乏具体的可操作性，很多合作社的管理者和成员并不了解这些政策，即使有所了解申请也有一定的难度，加上地方执行力度不够，这些优惠政策真正能落实到基层合作社的还是比较少。特别在经济不发达地区，农业一般是当地主导产业，如果大家都成立合作社，而地方政府又不能对合作社收税，则地方财政就会受到较大影响。有些企业利用合作社税收减免政策来进行偷税漏税，这也是地方对合作社进行照常收税的另一个重要原因。在社会认可程度上，许多地方认为合作社扮演的其实是销售农资、收购农产品的中间商角色，对其高价卖出农产品和低价买进生产资料、技术的行为应该收税。此外，在补贴政策中只有发展较好的合作社能够享受这些政策，很多地市都有评选规范合作社的政策，而处于起步阶段的合作社在经营困难时期无法申请到这些补贴。

14.4.2 管理风险

农民专业合作社的管理风险受到管理者素质、组织结构是否健全、成员参与管理积极性，组织规模、成员间信任程度和忠诚度几个方面因素的影响。我国的农民专业合作社处于发展初期，在管理制度、经营活动中都有着不规范的现象，这就使其难以抗拒较大的自然和市场风险，无法开展实质性经营活动。大多数合作社发起人是当地的农村精英和村干部，基于地缘和亲缘关系的信任成为合作的基础。加上大多数村民只是出于对发起者的信任而加入农民专业合作社，对合作社管理并不积极参与，忠诚度也不高，经常有违约销售的情况，最终导致有少数发起人管理农民专业合作社，成员参与程度比较低。加上较高的参与管理成本，缺少激励和制约制度，民主管理流于形式，仅有几个核心人员负责合作社的运营，合作社的管理制度和规则只能束之高阁，大部分合作社都有一定的管理风险。经营较好的合作社少数人是大股东，成员仅得到价格改进的好处，其他利润被资本持有者占据，违背了合作初衷。经营较差的合作社，成员对组织漠不关心，经常违约销售增加个人收益损害组织利益，管理松散甚至无法实际运营。在陕西、河南的调研中，有些合作社被少数大户控制，更类似于股份制公司，普通成员只是一个生产基地的作用，尽管得到了价格改进的收益，但是合作大部分收益，被少数管理者分享，引起很多成员不满，一旦有机会获得额外的利益，这些成员会选择离开合作社，或者违约销售，导致合作社成员和销售渠道的不稳定。

14.4.3　市场风险

农民专业合作社的主营业务是农产品项目，市场风险主要包括：农产品和物资价格和成本变动、消费者需求变化、市场预测能力、国内同行的竞争者、销售渠道执行力、产品保质期短。如突如其来的禽流感，导致消费者对家禽类产品避而远之消费需求急剧下滑。尽管农民专业合作社统一销售、采购，但是面对剧烈市场价格波动也是无能为力。在农产品销售中，由于渠道执行力差、运输成本高、产品保质期短，导致到餐桌的“最后一公里”价格飙升，很大程度上也限制了消费者需求。所以农民专业合作社市场风险受到了多种因素的影响，农民专业合作社需要改进经营方法规避这些风险。在调研中，很多农户喜欢“搭便车”，盲目跟风，对于种植项目也是一哄而上，不注意市场容量和未来价格，造成产品供需年度差异非常大，丰产而不丰收。合作社管理者经常抱怨仅仅依靠农民的能力去发展合作社是不可行的，大部分农民缺乏商业经验和市场开拓能力，对于市场预测也是慢半拍，高价时一哄而上，导致供大于求；低价时迅速减产甚至难以收回成本。所以需要政府和社会力量的介入，帮助农民专业合作社控制市场风险。

14.4.4　生产风险

农民专业合作社的生产风险的影响因素有：生产标准化程度，培训能否到位，自然灾害、引进技术是否成熟。标准化的生产是农民专业合作社的发展方向，标准化程度提高有利于节约成本提高产品价格统一管理。但是由于农民的对技术的接受程度、掌握程度、培训程度各有不同，这些都会影响到农产品标准化程度。此外，自然气候对农业生产带来巨大不确定性，干旱、洪水、天气突变等都影响着农产品的产量和质量，仅仅依靠农民专业合作社是无法抵御这些自然风险，需要政府、保险公司、社会资本的帮助，所以需要创新风险管理工具，让多种力量参与农业生产风险的抵御，分散成本实现共赢。还有一部分成员为了节约成本，没有按照标准的生产技术和流程进行管理，产品品质也得不到保证，只能低价或无法出售。

14.4.5 融资风险

农民专业合作社融资风险包括：股金不稳定、固定资产少、原始投资难以筹集、银行认可度低。课题组成员在调查中发现，合作社融资问题依然没有得到实质性的解决，缺资金的问题是大部分农民专业合作社面临的最主要问题。合作社融资可分为外部融资问题和内部融资问题。外部融资问题主要是因为银行、信用社等信贷机构还不太认可农民专业合作社这类市场主体，这与农民专业合作社较为宽松的成立条件、运行机制、资产持有量和担保情况有关，给农民专业合作社贷款的风险要高于企业，所以金融机构的态度迫使合作社管理者以个人名义贷款解决资金缺乏问题。特别在银根紧缩的背景下，从外部融资的难度就更大。对于内部融资，影响农民投资的因素是多方面的，在农民专业合作社的融资过程中，不但要考虑外在的因素如中央和地方政府的财政支持或者优惠政策，最根本的是要从农民专业合作社内部出发，从内因解决问题，提高农民投资的积极性，如果农民投资意愿较低那么从外部获得资金的困难也就更大，所以要采用多种激励措施鼓励成员的内部融资。

14.4.6 人力资源风险

农民专业合作社组织人力资源风险包括：缺少合作企业家、缺少合作培训、管理和专业技术人员缺乏。由于农业、农村、农民专业合作社缺乏足够的人力资本回报，在人才市场上难以吸引优秀人才，所以要依靠当地的人力资源，具有合作精神的农村精英和农业企业家，即农业合作企业家的人才是目前最为缺乏的。这种人才大多是农民专业合作社发起者，并需要一定的奉献与合作的理念，在当地有一定的威望，具有农业生产、销售的经验和管理能力，在农民专业合作社的前期发展中具有重要的作用。此外，成员的管理意识和专业知识缺乏也是人力资源不足的重要表现，需要对成员进行长期的培训，从内部解决长期人力资源缺乏的风险。

14.5 风险管理工具的创新

由于农民专业合作社风险具有特殊性，因此，在风险管理和规避上要不断创新，满足合作社发展的需要。其包括风险的预警、转移、分散、回避等多种方法，具体来说就是多种风险管理工具运用创新。

14.5.1 新型农业合作保险

目前我国的农业保险赔付率高风险较大发展困难，如何通过农民专业合作社开展特定项目的农业保险，减少自然气候的损害值得研究。政府的支持应侧重宏观的政策和银行的贷款支持，减少直接的财政较多支持带来的挤出效应，利用乘数效应提供优惠贷款政策降低贷款难度带动企业、农民投资、参加农业合作保险。新型农业保险要由政府和保险公司“联办共保”，逐步使公司成为农业保险的主体之一。

14.5.2 新型金融合作

在资本市场农业是弱势产业很难获得投资，新型金融合作一方面适应成员需求积极开发新的金融产品，另一方面要结合农村信用合作社的改革。新型金融合作应当建立在二级合作的基础上，加强财务监管并积极获得政府财政支持。对于内部融资作为农民专业合作社的管理者应当采用多种手段包括制度和经济的措施，去激励成员的投资的积极性。这将涉及多种组织制度的改进，包括：产权制度、投资制度、会员制度、惩罚制度、决策制度、沟通制度、分配制度、培训制度等。

14.5.3 期货市场利用

在发达国家农业期货市场是风险转移的渠道，但是如何将期货市场和我国农民专业合作社联系起来还需要深入的研究。期货市场能够有效解决农产品产销季节矛盾，是解决农产品价格蛛网陷阱、配置农产品市场风险的有效工具，有助于调整供求平衡，有效规避价格风险。

14.5.4 培养合作文化

成员信任和忠诚度较高，成员作为所有人和使用者，会为组织提供稳定的原材料和资金，相对于其他竞争者农民专业合作社具有一定的优势，但是目前国内这些方面培养还比较缺乏，所以要不断培养合作文化，促进成员信任程度的提高。

14.5.5　外部人力资源的激励

为了应对人力资源风险，从外部吸引人才进入农民专业合作社的发展，政府需要自上而下的建立一套激励机制，鼓励农村精英、大学生、职业经理人进入农民专业合作社的管理层。外部可以进入合作社的人力资源有：政府工作人员的兼职、企业人员兼职、大学生、党员、科研院校的人员等，这些人员或有专业知识或有社会资源或有资金。

最后，为了避免农民专业合作社的风险，可采用更多的风险管理工具：如多元化投资项目组合分散风险，通过多元化的项目组合可以分散单一项目的风险，提高组织抗风险能力；长期契约包括成员与组织的契约与外部契约，契约需要强制的执行和惩罚系统来保障，但农民专业合作社缺乏相应的惩罚制度。风险信息系统的构建；信息系统是风险管理系统的基础，负责收集政府及市场信息、预测市场变化等工作。

参考文献

[1] 徐旭初．中国农民专业合作经济组织的制度分析［M］．经济科学出版社，2005.

[2] 刘永诘．政治经济学方法论史［M］．中央党校出版社，1989.

[3] 罗雪尔．历史方法的国民经济学讲议大纲［M］．商务印书馆，1997.

[4] 季陶达．资产阶级庸俗政治经济学选集［M］．商务印书馆，1963.

[5] 林义．制度分析及其方法论意义［J］．经济学家，2001（4）．

[6] 张海峰．新制度经济学的方法论特色［J］．北京工商大学学报（社会科学版），2003（4）．

[7] 孙鹤．实验经济学及其在中国的应用前景［J］．经济问题，2004（1）．

[8] 朱静．西方实验经济学研究综述［J］．经济纵横，2005（11）．

[9] 工商总局网站．2014 年度全国市场主体发展、工商行政管理市场监管和消费维权有关情况［Z］．

[10] 赵兴泉．加快构建“三位一体”农民合作体系——兼论浙江农民专业合作社提升发展之路［J］．农村经营管理，2014（5）：16－19.

[11] 王威，樊增强. 论功能观视角下的农户合作金融组织[J]. 经济纵横，2006（5）：19－21，48.

[12] 张学鹏，杨子平. 我国农民合作社功能定位及模式选择[J]. 开发研究，2006（6）：65－67.

[13] 唐宗焜. 合作社功能和社会主义市场经济 [J]. 经济研究，2007（12）：11－23.

[14] 崔宝玉，张忠根，李晓明. 资本控制型合作社合作演进中的均衡——基于农户合作程度与退出的研究视角 [J]. 中国农村经济，2008（9）：63－71.

[15] 刘沫茹，苏中宇. 中国农村信用合作社的功能及法律定位[J]. 黑龙江社会科学，2009（1）：10－12.

[16] 李小丽. 农村专业合作经济组织功能转化分析 [J]. 学习与探索，2010（5）：190－192.

[17] 郭红东，楼栋，胡卓红，林迪. 影响农民专业合作社成长的因素分析——基于浙江省部分农民专业合作社的调查 [J]. 中国农村经济，2009（8）：24－31.

[18] 黄季焜，邓衡山，徐志刚. 中国农民专业合作经济组织的服务功能及其影响因素 [J]. 管理世界，2010（5）：75－81.

[19] 费广胜. 农村生态文明建设与农民合作社的生态文明功能[J]. 农村经济，2012（2）：104－108.

[20] 孙亚范，余海鹏. 立法后农民专业合作社的发展状况和运行机制分析——基于江苏省的调研数据 [J]. 农业经济问题，2012（2）：89－96，112.

[21] 高建中，袁航，李延荣. 农民专业合作社功能发展程度及影响因素 [J]. 西北农林科技大学学报（社会科学版），2014（6）：28－33.

[22] 徐旭初. 农民合作社发展中政府行为逻辑：基于赋权理论视角的讨论 [J]. 农业经济问题，2014（1）：19－29，110.

［23］王忠海，赵国杰，郭春丽．农民专业合作社的功能系统与属性分析——基于北京市房山区的实践［J］．西北农林科技大学学报（社会科学版），2009（3）：10－12.

［24］王拓，高建中．基于农户需求的农民专业合作社功能建设研究［J］．农村经济，2009（11）：123－125.

［25］赵晓飞．提升农民专业合作组织的流通功能［J］．宏观经济管理，2009（8）：52－54.

［26］郭晓鸣，廖祖君．公司领办型合作社的形成机理与制度特征——以四川省邛崃市金利猪业合作社为例［J］．中国农村观察，2010（5）：48－55，84.

［27］王曙光．中国农民合作社历史演进：一个基于契约—产权视角的分析［J］．农业经济问题，2010（11）：21－27，110.

［28］黄祖辉，高钰玲．农民专业合作社服务功能的实现程度及其影响因素［J］．中国农村经济，2012（7）：4－16.

［29］陈新建，谭砚文．基于食品安全的农民专业合作社服务功能及其影响因素——以广东省水果生产合作社为例［J］．农业技术经济，2013（1）：120－128.

［30］赵晓峰．粮食类农民专业合作社：发展机制与促进对策——基于农业部600家农民专业合作社示范社的分析［J］．贵州社会科学，2013（6）：122－127.

［31］申龙均，韩忠富．韩国综合农协对我国发展农民综合合作社的启示［J］．经济纵横，2014（5）：104－107.

［32］何继新．综合农协“三位一体”多中心公共行动分析——基于多中心治理框架理论［J］．安徽农业科学，2012（12）：7500－7503.

［33］胡振华，李谦．农村专业合作组织制度创新研究——基于组织绩效的视角［J］．郑州航空工业管理学院学报，2012（1）：109－116.

［34］苏立胜．关于“三位一体”农村新型合作经济体系的实践

与思考［J］. 中国农民合作社，2013（4）：43－44.

［35］仝志辉．“三位一体”农民合作的目标和路径［J］. 中国国情国力，2014（2）：17－18.

［36］陈林．农村金融深化有赖于农民组织化——兼论供销社综合改革与“三位一体”合作组织［J］. 银行家，2015（7）：101－102.

［37］金美玲，李允标，李芬，等．农村产业结构与农民人均纯收入的灰色关联分析［J］. 新疆农垦经济，2012（5）：20－24.

［38］袁嘉祖．灰色系统理论及其应用［M］. 科学出版社，1991.

［39］刘宇翔．欠发达地区农民合作扶贫模式研究［J］. 农业经济问题，2015（7）：37－45.

［40］Mark R. Manfredo，Cooperative risk management，rationale，and effectiveness：the case of dairy cooperatives［J］. Agricultural Finance Review，2007（9）：311－339.

［41］Ethan Ligon，Risk management in the cooperative［J］. AmericanJournal of Agricultural Economics，2009（9）：1211－1217.

［42］Dirk van der Krogt，The Impact of Cooperatives' Risk Aversion and Equity Capital Constraints on their Inter-firm Consolidation and Collaboration Strategies-With an Empirical Study of the European Dairy Industry［J］. Agribusiness，2007（10）：453－472.

［43］李永山．我国农民专业合作组织创新模式——基于“合作组织＋期货市场”的视角［J］. 农业经济问题．2009（8）：50－54.

［44］罗必良．农民合作社：偷懒、监督及其保障机制［J］. 中国农村观察．2007（2）：26－37.

［45］黄珺．异质性成员关系下的合作均衡——基于我国农民合作社成员关系的研究［J］. 农业技术经济．2007（5）：38－43.

［46］于华江．试论农民合作社资金短缺的［J］. 中国农村经济．2006（6）：13－17.

［47］刘宇翔．农民合作社成员投资意愿的影响因素分析．农业技术经济．2010（2）110－118.

［48］韩国明，王兰针，詹海晨．西北地区农户服务需求与农民合作基础研究—关于传统合作衰落与“合作难”的解释［J］．西北农林科技大学学报（社会科学版），2013（5）：78－85.

［49］Hudson，D. and Herndon，C. W.，Factors influencing probability and frequency of participation in merger and partnership activity in agricultural cooperatives［J］. Agribusiness，2002，18（2）：31－246.

［50］Jeffrey S. Royerk. Karantininis & J. Nilsson（Eds.），Vertical Markets and Cooperative Hierarchies［M］．2007：169－194.

［51］周杰，黄胜忠．农民专业合作社联合模式分析——基于交易价值视角［J］．西北农林科技大学学报（社会科学版），2014（6）：40－44，75.

［52］张娟．农民专业合作社联合社的变迁路径［J］．农村经济，2012（11）：121－125.

［53］王艺华，王树恩．论农民专业合作社的联合发展［J］．山东社会科学，2011（3）：109－111.

［54］Cabo，P. and Rebelo，J.，Why do Agricultural Credit Cooperatives Merge? The Portuguese Experience［J］. Annals of Public and Cooperative Economics，2005，76（3）：491－516.

［55］苑鹏．农民专业合作社联合社发展的探析——以北京市密云县奶牛合作联社为例［J］．中国农村经济，2008（8）：44－51.

［56］李玉文．农民专业合作社联合组织形式的比较与选择［J］．社会科学家，2011（9）：110－113.

［57］牛立腾，周振．农民专业合作社联合社的运行机制与实践效果——以武汉市荆地养蜂专业合作社联合社为例［J］．人民论坛，2014（17）：235－237.

［58］刘同山，周振，孔祥智．实证分析农民合作社联合社成立

动因、发展类型及问题 [J]. 农村经济，2014 (4)：7 - 12.

[59] 周振，孔祥智. 组织化潜在利润、谈判成本与农民专业合作社的联合——两种类型联合社的制度生成路径研究 [J]. 江淮论坛，2014 (4)：67 - 75.

[60] 黄植培. 一个成功的合作社联合体——记西班牙蒙德拉贡合作社联合公司 [J]. 甘肃理论学刊，1995 (2)：66 - 69.

[61] 李平. 澳大利亚农民联合会及其对我国农民合作社的启示 [J]. 农业经济问题，2002 (6)：61 - 63.

[62] 山田定市，李中华. 现代合作社联合组织的结构与功能 [J]. 农业经济，2004 (10)：63 - 64.

[63] 徐旭初，黄祖辉，郭红东，顾益康. 要走向农民合作社联盟吗——美国衣阿华州农民合作社考察报告 [J]. 经济与管理，2013 (12)：11 - 14.

[64] 姜松，王钊. 农民专业合作社、联合经营与农业经济增长——中国经验证据实证 [J]. 财贸研究，2013 (4)：31 - 39.

[65] Salazar Idana, Gorriz Carmen Galve. Determinants Of The Differences In The Downstream Vertical Integration And Efficiency Implications In Agricultural Cooperatives [J]. Journal Of Economic Analysis & Policy, 2011, 11 (1): 11.

[66] 许英. 农业合作社联合行为豁免适用反垄断法问题研究 [J]. 商业研究，2013 (8)：162 - 167.

[67] Jerk Nilsson, Svendsen Gunnar L H, Gert Tinggaard. Are Large And Complex Agricultural Cooperatives Losing Their Social Capital? [J]. Agribusiness, 2012, 28 (2): 187 - 204.

[68] Barton, D. G., Schroeder, T. C. and Featherstone, A. M., Evaluating the feasibility of local cooperative consolidations: A case study [J]. Agribusiness, 1993, 9 (3): 281 - 294.

[69] 孔祥智，蒋忱忱. 成员异质性对合作社治理机制的影响分

析——以四川省井研县联合水果合作社为例［J］. 农村经济，2010(9)：8－11.

［70］Kamo J，Phillips F. The evolutionary organization as a complex adaptive system［C］//Innovation in Technology Management-The Key to Global Leadership. PICMET97：Portland International Conference on Management and Technology. IEEE，1997：325－330.

［71］刘洪. 组织变革的复杂适应系统理论［J］. 经济管理，2006(9)：31－35.

［72］陈理飞，史安娜，夏建伟. 复杂适应系统理论在管理领域的应用［J］. 科技管理研究，2007(8)：40－42.

［73］魏巍. 2015 年全国农村贫困人口减少 1442 万人［EB/OL］. http：//www. cpad. gov. cn/art/2016/2/29/art_50_45702. html，2016－2－29.

［74］曾志红. 新扶贫标准下集中连片特困地区致贫因素分析——基于武陵山湖南片区 300 农户的调研［J］. 经济体制改革，2013(6)：55－58.

［75］汪霞，汪磊. 贵州连片特困地区贫困特征及扶贫开发对策分析［J］. 贵州社会科学，2013(12)：92－95.

［76］徐孝勇，姜寒. 连片特困地区中央扶贫资金与经济增长关系研究——以四川省凉山彝族自治州国家级贫困县为例［J］. 西南民族大学学报（人文社会科学版），2013(10)：147－151.

［77］伍琴. 公共投资对集中连片特困地区的扶贫机制研究——以赣南原中央苏区为例［J］. 江西社会科学，2014(9)：69－74.

［78］李梦竹，王志章. 连片特困地区政府扶贫行为的现状与对策研究［J］. 湖北民族学院学报（哲学社会科学版），2014(2)：74－78.

［79］李辉. 少数民族集中连片特困地区扶贫攻坚模式探讨——遵义市武陵山片区扶贫攻坚情况研究［J］. 西北民族大学学报（哲学

社会科学版)，2015 (4)：103 - 108.

[80] 曾志红．新扶贫标准下集中连片特困地区致贫因素分析——基于武陵山湖南片区300农户的调研 [J]．经济体制改革，2013 (6)：55 - 58.

[81] 刘筱红，张琳．连片特困地区扶贫中的跨域治理路径研究 [J]．中州学刊，2013 (4)：82 - 87.

[82] 贾先文，李周．连片特困地区治理困境及跨域治理机制构建——以“锰三角”为例 [J]．经济与管理研究，2015 (8)：63 - 69.

[83] 刘牧，韩广富．集中连片特殊困难地区扶贫攻坚面临的问题及对策 [J]．理论月刊，2014 (12)：165 - 168.

[84] 何芬，赵燕霞．美、日促进集中连片特困地区减贫的经验借鉴 [J]．世界地理研究，2015 (4)：20 - 29.

[85] 张琦，陈伟伟．连片特困地区扶贫开发成效多维动态评价分析研究——基于灰色关联分析法角度 [J]．西南民族大学学报（人文社会科学版)，2015 (2)：104 - 109.

[86] 吴云超．特色专业村寨的形成历程对连片特困地区扶贫攻坚的启示 [J]．经济地理，2014 (6)：149 - 154.

[87] 丁建军．连片特困区农村专业化发展的多维减贫效应研究——以保靖县黄金村为例 [J]．湘潭大学学报（哲学社会科学版)，2014 (5)：54 - 59.

[88] 蒋辉．武陵山集中连片贫困区跨域公共事务治理的模式与机制研究 [J]．湖北民族学院学报（哲学社会科学版)，2012 (4)：70 - 75，108.

[89] 王飞跃，魏艳．少数民族集中连片特困地区脱贫路径探讨——以贵州为例 [J]．贵州民族研究，2014 (2)：102 - 105.

[90] 陈灿平．集中连片民族特困地区的农业商品化实证研究 [J]．西南民族大学学报（人文社会科学版)，2015 (1)：119 - 124.

[91] 汪三贵，张雁，杨龙，梁晓敏．连片特困地区扶贫项目到

户问题研究——基于乌蒙山片区三省六县的调研［J］. 中州学刊，2015（3）：68－72.

［92］刘晓. 连片特困地区空间优化与协调发展战略研究——以湘西城市带为例［J］. 经济体制改革，2015（5）：72－77.

［93］郑瑞强，徐元刚，施国庆. 连片特困区政府减贫行为供需对接障碍与机制优化［J］. 青海社会科学，2015（3）：81－86.

［94］覃志敏. 连片特困地区农村贫困治理转型：内源性扶贫——以滇西北波多罗村为例［J］. 中国农业大学学报（社会科学版），2015（6）：5－11.

［95］郑长德. 基于包容性绿色发展视域的集中连片特困民族地区减贫政策研究［J］. 中南民族大学学报（人文社会科学版），2016（1）：115－121.

［96］李海金，罗忆源. 连片特困地区扶贫开发的战略创新——以武陵山区为例［J］. 中州学刊，2015（12）：78－83.

［97］韩斌. 推进集中连片特困地区精准扶贫初析——以滇黔桂石漠化片区为例［J］. 学术探索，2015（6）：73－77.

［98］高飞. 少数民族地区连片开发扶贫模式的实践与反思——以帕森斯 AGIL 功能分析模型为工具［J］. 云南民族大学学报（哲学社会科学版），2013（2）：73－80.

［99］何得桂，党国英. 西部山区易地扶贫搬迁政策执行偏差研究——基于陕南的实地调查［J］. 国家行政学院学报，2015（6）：119－123.

［100］王友健. 连片贫困区金融扶贫需创新［J］. 中国金融，2013（2）：93.

［101］中国人民银行郑州中心支行课题组，李智军. 农村致贫机理与金融扶贫政策研究——基于河南省集中连片特困地区和 54 个贫困县的调查［J］. 金融理论与实践，2014（3）：65－69.

［102］陈光燕，庄天慧，杨浩. 连片特困地区农业科技服务减

贫成效影响因素分析——基于四川省 4 县农户的调研 [J]. 科技管理研究，2015 (18)：100 - 105，125.

[103] 黄国庆. 连片特困地区旅游扶贫模式研究 [J]. 求索，2013 (5)：253 - 255.

[104] 李仙娥，李倩，牛国欣. 构建集中连片特困区生态减贫的长效机制——以陕西省白河县为例 [J]. 生态经济，2014 (4)：115 - 118.

[105] 曹诗颂，赵文吉，段福洲. 秦巴特困连片区生态资产与经济贫困的耦合关系 [J]. 地理研究，2015 (7)：1295 - 1309.

[106] 李民. 集中连片特困地区珍稀动植物资源跨界协同保护机制研究 [J]. 求索，2016 (1)：89 - 93.

[107] 肖功为. 改革开放以来中央推进我国农业现代化政策创新的历史逻辑 [J]. 邵阳学院学报（社科版），2014 (2)：60 - 63.

[108] 胡祥勇，范永忠. 中国农村扶贫资金使用效率实证分析 [J]. 中南林业科技大学学报（社科版），2014 (3)：76 - 80.

[109] 国家统计局，2015 年国民经济和社会发展统计公报[Z]. 2016 - 02 - 29.

[110] 中共中央、国务院关于打赢脱贫攻坚战的决定[Z]. 2015 年.

[111] 李兴江，窦开龙. 转型期欠发达区域农村弱势群体的制度经济学探析 [J]. 生产力研究，2003 (6)：40 - 42.

[112] 黄帝荣. 论农村弱势群体的环境劣势及其改善 [J]. 湖南师范大学社会科学学报，2010 (4)：99 - 102.

[113] 徐君. 促进农村弱势群体的社会融合：成人教育的应为与可为 [J]. 教育发展研究，2009 (19)：75 - 79.

[114] 汲长虹，刘仲生，田国强. 合作制：满足农村弱势群体融资需求的制度保证 [J]. 金融研究，2003 (12)：129 - 134.

[115] 刘俊威，曹永峰. 欠发达地区农村弱势群体非农转移之

路——安徽省庐江县5个村民组实证分析［J］. 调研世界，2011（9）：38-41.

［116］周春霞. 论农村弱势群体的媒介话语权［J］. 安徽大学学报，2005（3）：150-153.

［117］胡武贤. 农村弱势群体的生成变动与评价体系［J］. 求索，2006（8）：87-89.

［118］王名，蔡志鸿，王春婷. 社会共治：多元主体共同治理的实践探索与制度创新［J］. 中国行政管理，2014（12）：16-19.

［119］孔祥利，邓国胜. 公益慈善机构参与扶贫：制度困境与发展建议——基于广东省的实证研究［J］. 新视野，2013（1）：72-76.

［120］朱俊立. 政府向慈善机构购买村级扶贫服务研究［J］. 广东商学院学报，2013（1）：88-96.

［121］廖建军. 公益慈善参与扶贫：成效、问题和对策——以广东省为例［J］. 理论探索，2014（3）：99-103.

［122］刘宇翔. 欠发达地区农民合作扶贫模式研究［J］. 农业经济问题，2015（7）：37-45，110-111.

［123］李红玲. 农民专业合作组织的多元扶贫逻辑与公共治理［J］. 贵州社会科学，2014（7）：133-137.

［124］赵晓峰，邢成举. 农民合作社与精准扶贫协同发展机制构建：理论逻辑与实践路径［J］. 农业经济问题，2016（4）：23-29，110.

［125］郭春丽，赵国杰. NGO参与的农民专业合作社发展模式研究［J］. 西北农林科技大学学报（社会科学版），2010（2）：7-11.

［126］万兰芳，向德平. 精准扶贫方略下的农村弱势群体减贫研究［J］. 中国农业大学学报（社会科学版），2016（5）：46-53.

［127］王剑利，庄孔韶，宋雷鸣. 农村扶贫工作中的弱势群体识别问题［J］. 中国农业大学学报（社会科学版），2015（2）：91-97.

［128］孙莹. 论农村最低生活保障制度对农村弱势群体的保护

[J]. 人口与经济，2004（S1）：58－59，28.

[129] 肖泽晟 . BOT 研究中的几个误区 [J]. 南京大学法律评论 2003 年春季号 .

[130] 于安 . WTO《政府采购协定》的法律结构 [J]. 中国财经报，2001（4）.

[131] 赵小芸 . 旅游投资在西部旅游扶贫中的效用分析 [J]. 旅游学刊，2004（1）.

[132] 乔治·斯蒂纳 . 企业、政府与社会 [M]. 华夏出版社 2001.

[133] 张志奇 . 私人资本欲破 BOT "瓶颈" [Z]. 经济参考报，2002（11）：4.

[134] 国家统计局 .2015 年国民经济和社会发展统计公报 [Z]. 2016. 02. 29.

[135] 新华社 . http：//news. cctv. com/2016/03/24/artixlmlb98k08witf3m6mah160324. shtml [Z]，2016（3）24.

[136] Pines，M. Federal Employment and Training Policy：A View From The Local Level of Government [J]. Review of Policy Research，1987（6）：782－788.

[137] Courty，P. and Marschke，G. Making Government Accountable：Lessons from a Federal Job Training Program. Public Administration Review，2007，67（5）：904－916.

[138] 韩俊，汪志洪，崔传义，何宇鹏，李善同，金三林，许昭元，秦中春，王宾，沈水生，王淑霞，吴厚德，牟达泉 . 农民工培训实态及其"十二五"时期的政策建议 [J]. 改革，2010（9）：74－85.

[139] 孙金锋，杨继武 . 新生代农民工培训中的政府职能探析 [J]. 农村经济，2012（7）：113－117.

[140] 梁栩凌，廉串德 . 基于系统推进的农民工培训有效性影

响因素分析——来自北京市农民工培训的实证调查［J］. 经济与管理研究，2014（10）：73-80.

［141］高洪贵. 农民工教育培训的困境及其超越——以政府购买公共服务理论为视角［J］. 现代远距离教育，2014（2）：38-43.

［142］张浩. 社会平等视角下农民工教育政策的调整［J］. 现代教育管理，2014（1）：67-70.

［143］戴烽，刘书岑. 发展权视角下的农民工培训政策［J］. 农业考古，2009（6）：341-344.

［144］韩娟. 论新生代农民工异地就业培训的政府干预问题［J］. 教育发展研究，2016（1）：13-18.

［145］Blundell R，Dearden L，Meghir C. The Determinants and Effects of Work-Related Training in Britain［J］. The Institute for Fiscal Studies，1996.

［146］Gelderblom，A. and de Koning，J.（2003）. Exclusion of Older Workers，productivity and training. In Schömann，K. and O'Connell，P. J（eds.）Education，Training and Employment Dynamics［M］. 2003，Cheltenham：Edward Elgar.

［147］Arulampalam W，Booth A L. Training and labour market flexibility：is there a trade-off?［J］. British Journal of Industrial Relations，1998，36（4）：521-536.

［148］O' Connell P J，Byrne D. The determinants and effects of training at work：bringing the workplace back in［J］. European Sociological Review，2012，28（3）：283-300.

［149］Andrews M，Bradley S. Modelling the transition from school and the demand for training in the United Kingdom［J］. Economica，1997，64（255）：387-413.

［150］张秋林，张晔林. 需求视角下的农民工两阶段主动培训投入影响因素研究［J］. 南京农业大学学报（社会科学版），2008

(2): 1 -7 +20.

[151] 夏怡然. 农民工的在职培训需求及其异质性——基于职业选择行为的经验研究 [J]. 世界经济文汇, 2015 (2): 57 -73.

[152] 许东风, 眭鸿明. 农民工教育培训需求影响因素实证研究——基于江苏省农民工的抽样调查 [J]. 科技进步与对策, 2012 (24): 186 -190.

[153] 戴建兵, 王建云, 曹艳春. 我国农民工教育培训需求确定与补贴提供机制探讨 [J]. 现代远程教育研究, 2012 (6): 50 - 56, 70.

[154] 潘寄青, 沈洊. 农民工培训需求与资金支持机制建设 [J]. 求索, 2009 (5): 1 -4, 131.

[155] 凌子山, 李姜. 基于马斯洛需求视角的农民工职业培训需求理论研究——基于珠三角地区农民工的实证分析 [J]. 科技与经济, 2014 (6): 52 -56.

[156] KIM H K, Shin I. Effect of IT job training on employment and wage premium: Evidence from Korea panel data [J]. The Developing E-conomies, 2003, 41 (4): 461 -483.

[157] 孟宪生, 关凤利, 唐哲一. 农民工参与就业培训的决定因素及对收入影响的实证分析 [J]. 东北师大学报 (哲学社会科学版), 2011 (4): 52 -55.

[158] Haelermans C, Borghans L. Wage Effects of On-the-Job Training: A Meta-Analysis [J]. British Journal of Industrial Relations, 2012, 50 (3): 502 -528.

[159] Pecoraro M. Is There Still a Wage Penalty for Being Overeducated But Well-matched in Skills? A Panel Data Analysis of a Swiss Graduate Cohort [J]. Labour, 2014, 28 (3): 309 -337.

[160] 董延芳, 刘传江, 胡铭. 农民工的过度教育与收入效应的统计考量 [J]. 统计与决策, 2012 (9): 104 -106.

[161] Cuesta M B, Salverda W. Low-wage Employment and the Role of Education and On-the-job Training [J]. Labour, 2009, 23 (s1): 5 – 35.

[162] 王德文，蔡昉，张国庆．农民工的就业与工资决定：教育与培训的重要性（英文）[J]．中国社会科学：英文版，2010（3）：123 – 145.

[163] 任远，陈春林．农民工收入的人力资本回报与加强对农民工的教育培训研究 [J]．复旦学报（社会科学版），2010（6）：114 – 121.

[164] 党曦．农民工技能培训的收入效应研究——基于珠三角与长三角调查数据的实证分析 [J]．统计与信息论坛，2015（6）：105 – 110.

[165] 张世伟，武娜．农民工培训的收入效应 [J]．财经科学，2013（12）：65 – 72.

[166] 刘万霞．我国农民工教育收益率的实证研究——职业教育对农民收入的影响分析 [J]．农业技术经济，2011（5）：25 – 32.

[167] 魏万青．中等职业教育对农民工收入的影响——基于珠三角和长三角农民工的调查 [J]．中国农村观察，2015（2）：33 – 43，95 – 96.

[168] 王广慧，徐桂珍．教育——工作匹配程度对新生代农民工收入的影响 [J]．中国农村经济，2014（6）：66 – 73，96.

[169] 周世军，刘丽萍，卞家涛．职业培训增加农民工收入了吗？——来自皖籍农民工访谈调查证据 [J]．教育与经济，2016（1）：20 – 26.

[170] 王春超，叶琴．中国农民工多维贫困的演进——基于收入与教育维度的考察 [J]．经济研究，2014（12）：159 – 174.

[171] 胡跃茜．新生代农民工教育培训的创新 [J]．教育评论，2012（6）：18 – 20.

[172] 夏扉，陈江南．论城镇化进程中新生代农民工的教育需求［J］．福建论坛（人文社会科学版），2013（10）：166－170.

[173] 黄兆信，谈丹，曲小远．农民工随迁子女融合教育：政府的困境与措施［J］．江西社会科学，2015（7）：206－211.

[174] 陈钰．新生代农民工教育问题［J］．开放导报，2012（1）：33－36.

[175] 钟甫宁，陈奕山．务农经历、受教育程度与初次外出务工的职业选择——关于新生代农民工“摩擦性失业”的研究［J］．中国农村观察，2014（3）：2－9，20.

[176] 高洪贵．风险社会视野下新生代农民工教育培训的政府责任探析［J］．现代远距离教育，2013（3）：49－53.

[177] 刘会贵，龚波．新生代农民工的社会排斥与教育作为［J］．中国特殊教育，2011（5）：69－73，84.

[178] 徐丽晓．新生代农民工教育：问题与对策——基于公共文化教育资源的视角［J］．教育发展研究，2014（17）：76－79.

[179] 李远煦，黄兆信，钟卫东．新生代农民工创业教育与公共政策选择［J］．教育发展研究，2011（21）：42－46.

[180] 杨丽君．新型城镇化进程中促进新生代农民工融入城市的教育策略［J］．现代经济探讨，2014（11）：26－29.

[181] 范少虹．新生代农民工法律意识教育探析——以广东省佛山市为例［J］．中国青年研究，2012（12）：56－59，88.

[182] 曹杨，胡宏伟，陈玉佩．教育水平对新生代农民工心理压力的影响与作用机制分析［J］．人口与发展，2014（6）：35－42.

[183] 王竹林，吕默．农民工培训模式及动力机制探析［J］．西安财经学院学报，2013（3）：87－91.

[184] 牛刚，孙维．返乡农民工培训模式创新研究——来自苏北的经验［J］．西北农林科技大学学报（社会科学版），2010（4）：15－19.

[185] 黄陵东. 城乡一体化背景下以新生代农民工为重点的培训模式与机制 [J]. 福州大学学报（哲学社会科学版），2010（6）：89－94.

[186] 秦小菲. 校企合作的新生代农民工职业培训模式研究 [D]. 吉林农业大学，2012.

[187] 张文秀，李洁. 企业、职业院校与农民工培训三方对接新模式探讨 [J]. 农业经济，2014（6）：29－31.

[188] 康红梅，杨文健. 新生代农民工职业培训的网络模式研究 [J]. 成人教育，2011（11）：44－46.

[189] 龚长宇. 社区教育：农民工市民化的有效途径——对长沙市开展农民工教育的调查与思考 [J]. 湖南师范大学社会科学学报，2007（4）：10－13.

[190] 杨兆山，张海波. 构建以输入地区在职教育为主的农民工教育模式 [J]. 东北师大学报（哲学社会科学版），2007（5）：10－15.

[191] 项继发，程伟，陈遇春. 返乡农民工职业技能培训新形态——基于国家农业高新技术产业示范区为依托的基地化培训模式初探 [J]. 继续教育研究，2009（11）：64－66.

[192] 李湘萍. 富平模式：农民工培训的制度创新 [J]. 教育发展研究，2005（12）：81－84.

[193] 刘才. 四平市“政—校—企”农民工培训模式探讨 [J]. 湖北农业科学，2013，52（2）：488－490.

[194] 韩余，崔永红. 高职院校旅游类专业学生教学实习后管理模式探索与实践——以河北旅游职业学院酒店管理专业为例 [J]. 河北旅游职业学院学报，2012，17（1）：85－90.

[195] 朱冬梅，黎赞. 发达地区农民工教育培训模式的经验借鉴 [J]. 开发研究，2014（4）：104－106.

[196] 王秀丽，宋林，朱红亮. 我国农民工职业培训体系构建

的理论思考——对德国“双元制”模式的借鉴［J］. 西北大学学报（哲学社会科学版），2015（5）：144－149.

［197］寿钰婷. 美国人力发展培训计划及其对我国农民工教育培训的启示［J］. 外国教育研究，2007（8）：76－80.

［198］许东风. 新西兰农民工教育培训的经验及启示［J］. 调研世界，2011（12）：54－57.

［199］韩新宝. 新型农民合作社教育培训体系构建研究——基于韩日农民教育的分析［J］. 世界农业，2011（2）：79－82.

［200］赵晓霞. 建筑施工企业农民工专业素质培养问题研究——借鉴国外经验的视角［J］. 生产力研究，2009（21）：59－60.

［201］王春林. 关于农民工培训的思考［J］. 企业管理，2009（10）：32－33.

［202］范安平，张释元. 发达国家的农村职业教育：经验与借鉴［D］. 教育学术月刊，2009（11）：93－95.

［203］刘芳. 国外“农民工”社会保障经验及其借鉴［J］. 乡镇经济，2007（6）：49－53.

［204］孙兴伟. 春潮涌动处 扬帆起航时［N］. 中国劳动保障报，2015－05－06004.

［205］佚名. 人社部发布2014年度人力资源和社会保障事业发展统计公报［J］. 中国博士后，2015（3）：3.

［206］中央政府门户网站［Z］. www. gov. cn 2015－02－28 10：54 来源：中国政府网.

［207］凯瑟琳，西伦. 制度是如何演化的：德国，英国，美国和日本的技能政治经济学［M］. 上海人民出版社，2010：232.

［208］徐卫. 新生代农民工职业培训研究［D］. 武汉大学，2014.

［209］马述忠. 对浙江省农产品行业协会运作模式的案例分析［J］. 中国农村经济，2005（3）.

[210] 肖泽晟 . BOT 研究中的几个误区 [J]. 南京大学法律评论 2003 年春季号 .

[211] 郑有贵 . 农民合作社研究 [Z]. 中国经济史论坛，2003 (10) .

[212] 应瑞瑶，中国农业合作社立法若干理论问题研究 [J]. 农业经济问题，2002 (7) .

[213] 赵凯 . 中国农业经济合作组织发展研究 [M]. 中国农业出版社，2004.

[214] 农业部农产品贸易部办公室 . 新一轮农业谈判研究[M]. 中国农业出版社，2004：15 – 18.

[215] 韩可卫 . 欧盟技术性贸易壁垒的主要措施及借鉴 [J]. 世界农业，2006：8 – 11.

[216] 王茜草 . 技术性贸易壁垒的动态效应与中国的应对策略 [J]. 统计与决策，2006：62 – 63.

[217] 食土商会 . 农产品出口小企业易招致贸易壁垒奋起应诉才有希望 [Z]，中国进出口商品交易会 (http：//www. icecf. com/cn/about/sessions/report/content. asp？ Id = 6945 访问时间 2009 年 6 月 10) .

[218] 浙江质量网 . 美国对我虾产品 “反倾销” 的警示 [Z] (http：//www. foodqs. cn/news/schq008/20043138328. htm 访问时间 2009 年 6 月 10 日) .

[219] 刘宇翔 . 新型农民合作社模式研究 [J]. 农村经济，2006：115 – 117.

[220] 梅德平 . 中国农村微观经济组织变迁研究 [M]. 中国社会科学出版社，2004.

[221] 徐旭初 . 中国农民专业合作经济组织的制度分析 [M]. 经济科学出版社，2005.

[222] 郭晓鸣 . 农业合作发展和地方政府的角色 [J]. 中国农村

经济，2005（6）.

［223］应瑞瑶．中国农业合作社立法若干理论问题研究［J］. 农业经济问题，2002（7）.

［224］Cook，M. L. "The Future of U. S. Agricultural Cooperatives：A Neo-Institutional Approach." ［J］ Amer. J. Agr. Econ. 77（December 1995）：1153－1159.

［225］Manuel Nunez-Nickel and Jose Moyano-Fuentes，Ownership Structure of Cooperatives as an Environmental Buffer［J］. Journal of Management Studies November 2004 pages 1131－1150.

［226］Jean-Noël ORY and Yasmina LEMZERI，An appraisal of《cooperative banks》versus《plc banks》efficiency：a focus on the French situation and a European perspective［M］，a seminar of cooperative bank in Finland 2007 . 12. 6.

［227］Bekkum，O. F. van，and J. Bijman，innovation in cooperative ownership converted and hybrid listed cooperative，［M］. Business paper presented at the 7th International Conference on Management in Agri-Food Chains and Networks，Ede，The Netherlands，31 May-2 June，2006.

［228］Chaddad and Michael L. Cook，Understanding New Cooperative Models：An Ownership-Control Rights Typology［J］. Review of Agricultural Economics 2004 Volume 26，Number 3-Pages 348－360.

［229］George W. J. Hendrikse and Cees P. Veerman，Marketing cooperatives and financial structure：a transaction costseconomics analysis［J］. Agricultural Economics 26，2001：205－216.

［230］石琼，王勇．欧美合作经济模式解析及对中国的启示［J］. 经济与管理，2007（6）.

［231］Corporate governance and management control in cooperatives［Z］. Pellervo Confederation of Finnish Cooperatives November 2000.

[232] Karin Hakelius, Farmer cooperative in the 21th Century. Journal of Rural Cooperation. Vol 27, No1. page 31 - 54.

[233] Pellervo 2005 年收入 [Z]. 芬兰 Pellervo 提供.